IDEA✳工作原力

4大原則 ✕ 6周聚焦思維
讓你找到越投入越快樂的職場天命

The IDEA Mindset

Figure Out What You Want from Work,
and How to Get It, in 6 Weeks

by Dr Gary Crotaz, PhD

蓋瑞‧克洛達茲博士——著

黃意然——譯

各界推薦

很多人知道自己不喜歡或者痛恨職場現狀，卻不知道要如何改變，或是覺得無力改變，乾脆躺平，被動等待新的契機或是被迫離開既有職場。

人生好短暫，躺平真的是你想要的選擇嗎？

《IDEA工作原力》利用系統性的思考，用六周的問題設計、表格、書寫練習陪伴你誠實面對自己，去做自我的探索，找到核心的WHY，設定你的目標，立下你的行動計畫。

改變本來就不容易，但你有沒有很渴望新的職涯轉換？趕快翻開這本書，跟著指引，展開六周的轉變之旅吧。

——**布姐**／職場生涯教練、《布姐陪你聰明工作創意生活》粉專主理人

有時縱使我們心中渴望改變，卻又沒有勇氣面對改變之後的未來，深怕自己踏錯方向，導致比現況更糟的結果。而本書介紹的IDEA架構，能帶領你審視內在，找出優勢，突破思維框架，建立勇氣與信心去追逐理想的生活和職涯，對於想在二〇二三年重新建構嶄新人生的讀者，會非常有幫助！

——**亨利溫**／個人品牌斜槓教練

我常說「用視覺筆記翻轉人生」，在回顧自己一路走來的歷程，我發現最大關鍵的轉折點，不是學了那些知識技巧，而是改變自己的「思維」，但如何持續有系統地翻轉呢？這本書中的「IDEA思維模式」正是給我們最佳的解答，建議搭配日記使用，一起來翻轉人生。

——邱奕霖／圖解力教練

哲學家庫利曾經說：「今天的我，不是我所想像的我，也不是別人所想像的我；而是我所想像，別人所想像的我。」

換句話說，一般我們大部分人生，都是活在別人對我們的期待或認知裡。然而，每個人真正最大的幸福，應該是追尋我們想要的那份「自我認同」和意義。

唯有擁有了「自我認同」，我們才能夠確定生命的前進「方向」，是自己心所嚮往的方向；也才會全心全意投入「參與」到每天生活、工作當中；進而深刻體會到「本真」，感受到自己真正存在的價值。

所謂「我思故我在」。保持正念、認真活在每一個當下。

不斷面對自我、尋找自我、感受自我、珍惜自我，就能體會IDEA（自我認同、方向、參與、本真）的美好。

好書《IDEA工作原力》，誠摯推薦給您。

——郝旭烈／大亞創投執行合夥人

其實人生可以重新設定！因為思維決定我們的選擇，選擇決定行為，行為累積成為習慣，而大大小小的習慣累積起來，就成為我們一生的樣貌。IDEA思維模式以及行動方針，就是可以幫助我們重新設定、活出最好人生的一項絕佳工具！

——愛瑞克／《內在原力》作者、TMBA 共同創辦人

這本書能夠幫助你更認識自己，我想沒有什麼是比這更重要的事了。

擁有IDEA思維模式，不僅思路更清晰、靈活，遇到困難時，也能輕鬆地迎刃而解。發掘你的IDEA思維模式，讓工作生涯變得更好。

有時候，新目標會讓你跨出自己的舒適圈，對未知感到害怕是正常的，我們必須努力面對恐懼、放膽去做，保持前進的動力，才能變成更好的自己。

——**電扶梯走左邊Jacky**

獻給蜜德芮、摩奇、豆芽——
三顆心和八隻爪子每天激勵著我。
獻給我的父母，無論我的道路多麼曲折，
他們總是支持我找到自己的路。

感謝我的編輯Rachel Kenny、John Bond、Julia Koppitz、Chris Wold，
以及Whitefox出版社的所有團隊成員：
Holly Kyte、Jess Htay、Rebecca Gray、Dan Prescott，
和Couper Street Type Co.,印刷及數位出版製作工作室的成員，
這令人驚嘆的創意團隊包括了Cinta Miller、Alexis Knox，
還有Owl Studio Ltd.的Adam Toomey與Lua Lema。

最後要感謝大衛與奧佳‧卡恰里，以及迪亞布洛團隊裡的所有人，
還要謝謝過去和現在的朋友、同事、客戶，
你們超乎尋常的改變與自我發現的旅程一直鼓勵著我。

蓋洛普克里夫頓三十四項優勢測驗

克里夫頓三十四項優勢測驗最初是備受讚譽的美國心理學家唐諾·克里夫頓於一九九九年開發出來的，這是套精密的科學工具，協助人們了解並挑出自己的天賦和優勢。百分之九十的《財星》五百大企業都使用過這項測驗，全世界現在有超過兩千五百萬人已經完成了克里夫頓優勢測驗。

克里夫頓優勢測驗的影響力遠超過本書的範圍，許多大型機構利用此測驗來幫助個人和團隊發揮最佳的表現。所有我私人輔導的客戶都在接受指導的過程中完成了測驗。

在上IDEA思維模式課程的第一周，你將受邀完成克里夫頓優勢測驗，深思你個人的優勢概況。你可以直接從蓋洛普網站上購買這份測驗。二〇二一年我在撰寫本文時，克里夫頓三十四項優勢測驗的價格是五十英鎊，最便宜的克里夫頓前五項優勢測驗則是二十英鎊[1]；其他市場的行情各不相同。倘若你購買了這份測驗，蓋洛普並不會給我任何形式的佣金。

我相信發掘優勢的最佳方法就是使用克里夫頓優勢測驗，但是你不一定要完成克里夫頓優勢測驗才能獲得《IDEA工作原力》的完整價值。我在第一周會提供另一種發掘優勢的方法，讓你能夠完成練習。

目錄
CONTENTS

IDEA 思維模式是什麼，
與你的生涯目標有何關係？

　　IDEA思維模式是一種思考方法，根據Identity（自我認同）、Direction（方向）、Engagement（參與）、Authenticity（本真）四項核心原則，引導你走向成就感十足的工作生涯。近二十年來，我一直在開發基礎的課程，幫助世人學得這種思維模式。那些對工作不滿意、失去人生的目的、為遠大目標而奮鬥，或只是想知道下一步該做什麼的人──像你這樣的人。

　　在接下來六周有趣、密集的訓練中，你將會深刻了解自己天生的優勢。你將會規劃出能夠充分發揮自身潛力的工作生涯，讓你每天都興致勃勃，從工作中讓你在感情、邏輯與其他方面的需求都獲得滿足，你將會為如何達成目標擬出清楚詳盡的計畫。最後也是最重要的一點是，你將會透過IDEA思維模式，明白自己的方向，以及設定這目標的理由，從而獲得清晰的思路、自信，與平靜。

　　這是你改變人生的機會，用雙手緊緊抓住吧！

我的故事：從醫學到企業策略，再到社交舞

　　自從將近二十年前離開醫師一職以來，我一直在輔導、指導正要改變工作生涯的人。我花了八年的時間研讀科學知識、在醫院病房裡受訓，在布里斯托和劍橋教授解剖學並從事醫學研究。在期末考試的幾個月前，我意識到自己完全走錯了路。面臨了自我認同的危機，我便跳車投入未知的商業界中，打破常規，拋棄多年來積累的許多東西。然而儘管我失去了那麼多，卻發現了更多——能夠發揮我真正優勢的新職業選項、令人興奮的機會、幹勁，以及人生的目的。

　　在離開醫學界後的最初幾年，我指導過很多和我一樣懷疑自己的選擇的醫科學生。看到別人經歷跟我類似的生涯危機總是發人深省。在協助別人尋找並決定他們的道路時，我逐漸發現自己熱愛幫助別人實現個人成長與改變。

　　離開醫學界後，除了擔任職涯教練和導師外，我還擔任策略顧問近十年，協助企業規劃未來。我幫助客戶了解他們的目的和價值，撰寫願景宣言，設定策略目標，訂定行動計畫，陳述他們的故事。與此同時，我也會固定花時間和同事相處，協助他們找到未來的生涯選項，討論類似的「策略性」問題：你現在在哪裡？你想去哪裡？你打算如何到達那裡？你現在需要做什麼？這段時期的職業生涯幫助我釐清明確的**自我認同**與**方向**的重要性，這正是IDEA思維模式的前兩項原則。

　　利用正職和教練工作以外剩下的空閒時間，我會和蜜德芮一起參加業餘社交舞比賽（蜜德芮是我在工作時認識的舞伴）。我從小就喜愛跳舞，可是醫學訓練讓我忙得沒有時間，只得擱置一旁。然而認識蜜德芮重新點燃了我對跳舞的熱情，我們大多數的夜晚與周末不是

在練習就是在參加全國比賽。一開始，我們進步神速，可是等合作到第四年尾的時候，我們氣餒地領悟到我們的進展已經停滯了。二〇一〇年一月，我們參加全英業餘社交舞公開錦標賽之後回到家，因為成績再次不理想而深感沮喪。過去幾個月來，我們在練舞室辛苦訓練，每個周末都去上頂級教練課。他們讚揚我們的努力，稱讚我們的進步，可是到了比賽當天，這一切還是不夠，評審不認為我們有資格進入下一輪比賽。

回顧過去四年的合作歷程，我們付出了大量的努力、時間與金錢，卻感覺還沒有發揮出潛力。我們知道自己遭遇了相當強勁的逆風，但還是非常積極熱情地想要盡可能達到極致。不可否認，我們的年紀比大多數競爭對手都要大，而且必須全職工作好賺取訓練與比賽的費用，這點和那些擁有資金或贊助的選手相比，我們處於劣勢。我們已經連續三年進入英國錦標賽前二十四名，但是現在想要進步、突破到下一階段。我們覺得自己似乎停滯不前，而且很清楚以自己的年紀來說，時間已經不多了。

那天晚上我們坐下來促膝談心。

我們熱愛跳舞，喜愛訓練和學習，喜歡挑戰。我們兩人都非常好勝，結交了許多來自世界各地的朋友。同時我們討厭失敗，不喜歡一成不變的感覺，討厭卯足全力地努力成績卻不如預期。我們也不喜歡失去控制。

我們每星期有六個晚上都在練舞室，將所有的熱情和多餘的每一分錢都投注在追求夢想上。我們已經好多年沒有好好度個假了，而且因為以練舞為重，自然是無法付出更多時間在事業上。

多年來，我們竭盡全力想要更上一層樓。我們把身體練得更強健，不斷改變編舞、外型、訓練方式，也更換教練。為了有更多的訓

練時間，我們甚至放棄了好工作。儘管如此，這一切努力卻沒有帶來我們所追求的成功與成就感。

這回我們明白已經無法再繼續下去了，並不是「跳舞」這件事本身，而是當今這樣的跳舞方式——這種方法、這種策略、這種計畫。

我們兩人都不準備退役，但是目前的狀況行不通，犧牲與回報不成正比。我們對目標充滿熱誠，但是明白這樣下去不是辦法。我們知道還有一個選項，只是多年來都沒好好考慮，因為這主意實在太瘋狂、太荒謬了，但現在我們可說是狗急跳牆。

一、兩年前我們聽說了迪亞布洛團隊，這是一家位於義大利的菁英培訓俱樂部，聚集了來自世界各地的頂尖選手，但幾乎沒有英國的選手。儘管當時它是世界冠軍的培訓中心，在我們的練舞室裡幾乎很少聽到別人提起這個團隊，網路上也幾乎沒有任何訊息；一切都靠口耳相傳。然而，我們卻確實認識一些該訓練中心的選手，因此相信自己所見。

之前我們受限於現況而無法前往。我們在倫敦，而他們則是在義大利的波隆那郊區。我們工作忙碌，每周工時通常是五十多個小時，地點在倫敦市中心或英國各地。他們從周一到周五每天訓練，並且每周末都到歐洲各地去比賽。我們沒有錢能夠直接辭掉工作，全心投入。無論怎麼看這條路似乎都不可行。

然而，現在擺在我們面前的問題比以往更嚴峻：我們應該優雅地退役，過舒適放鬆的生活，還是應該變得大膽激進？以前我們從不認為自己特別大膽，但是現在我們覺得勇敢無畏。蜜德芮拿起電話與迪亞布洛團隊的團長大衛・卡恰里通話。他不知道我們是誰，只簡單地說了聲：「過來看看吧。」

在迪亞布洛團隊開闊眼界，發現了新的思維模式

　　第一天大衛在訓練中心和我們見面，訓練中心位在波隆那北部距離一小時車程的一座小村莊的工業區中。他恭喜我們到達那裡。「對任何一對社交舞的選手來說，最困難的一步就是走進我們訓練中心的大門。因為你們來到這裡，我已經知道你們決心要改變。」我一向主張不管內心的主意有多瘋狂，都該聽從自己的心聲、不加思索地投入。如同美國政治偶像也是第一位當選國會議員的黑人女性雪莉·奇瑟姆所說：「站在場邊永遠不會有進展。」

　　在接下來的幾周和幾個月中，我們一抓到機會就前往義大利，只要在工作之餘能夠安排時間就去。我們各自與上司達成協議，將休假分開成一次請一、兩天的假，而且隨身攜帶筆電，必要時可以從遠端工作。由於不剩任何假期，我們捨棄了如往常在暑期休長假的做法，甚至在結婚時放棄了傳統蜜月，我們只在威尼斯待了二十四小時，緊接著就是為期一周的舞蹈訓練營！

　　我們很快就明白，過去基於舒適圈所做的那些考量簡直是錯得離譜。我們變成廉航專家，擅長搶訂最便宜的機票，在晚上或凌晨飛抵二線機場，搭公車通行（而非火車或計程車），並住最便宜的旅館──採取任何可以將成本降到最低的手段。我們在「可行」的邊緣搖搖欲墜，但是堅持了下來，每次到練舞室，我們都練到筋疲力盡。無論需要做什麼，我們都全力以赴。

　　由於大衛是義大利人，他的妻子奧佳是俄羅斯人，因此訓練中心受到義大利與俄羅斯的影響。義大利的影響在於優雅、藝術性、技術與競爭。俄羅斯的方式則強調紀律、嚴謹、卓越和堅定的決心。

　　這裡的練舞生活很辛苦。學生每每早上八點到練舞室，半夜才

離開。訓練包括私人課程、分組教學以及大量的個人練習。課程表排滿了每日健身與耐力訓練，以及營養學和技術的講座。每天晚上訓練中心都會模擬激烈的比賽，大聲播放音樂，調暗燈光，營造出現場觀眾的氣氛，並且會有正式的評審針對每一組選手的表現給予個別意見。教學講座內容會即時由義大利文翻譯成英文，以便現場來自世界各地的舞者能聽懂。像我們這樣不時飛來受訓的舞者也沉浸在同樣密集的訓練課程中。大衛規定所有舞者都必須參加全方位的課程，不論他教育程度如何，或是贏過多少次世界錦標賽。

在訓練中心外面無事可做，只有村莊和一望無際的平坦田野，有助大家專心一志，不受干擾。當地店家早已學會辨識舞者的優美體型和姿態，每當我們走進咖啡店，準備在午餐時間喝一杯療癒人心的義式濃縮咖啡，他們都會大聲說：「Ballerini，ballerini！」（舞者，舞者！）我們經常遇到遠從溫哥華及海參崴來的同學，他們跟我們一樣，每個月都來訓練中心上課。

每個周末選手們都會搭上搖搖晃晃的小型巴士，徹夜從義大利開到歐洲某地去參加大型比賽。他們的駕駛技術顯然比不上舞蹈技術，因此我們寧可找尋便宜的班機，毫髮無傷地抵達！無論是全國比賽或者世界錦標賽，我們訓練中心的頂尖選手經常奪冠。俱樂部持有數十座世界錦標賽獎杯，全都在大廳的螢幕上播放展示，以激勵學生。整個布置安排都是為了獎勵傑出的表現，鼓勵我們所有人更上一層樓。

這裡聚集了一小群出色的舞者，一起在義大利鄉間的工業園區內受訓，有頂級的老師、大學講師，還有兩位聰明的教練引導整個課程。他們創造了不為外界所知、難以接近的卓越文化。沉浸在這世界中改變了我們對自己的舞蹈事業的展望，也澈底改變了我們對如何達

成目標的看法。這是令人驚喜的發現。

我們的舞蹈有長足的進步，體能大大改變，我們對訓練及比賽的看法也有翻天覆地的轉變。

打破局限的觀點，建立增強自信的新思維模式

回顧與迪亞布洛團隊在一起時的經歷，我們注意到大衛經常重塑我們的想法，提供我們掌控自己舞蹈之旅所需的工具。

我們以為自己體能夠好，但是其實根本毫無概念。在英國的時候，為了鍛鍊比賽的體能，我們會訓練自己連跳五支舞，有時候六或七支。但是在義大利，我們必須毫不間斷地連跳三十或四十支舞。頭一次這麼跳的時候，我們隔天幾乎動彈不得！我們參加了一項名為tortura（折磨）的練習，教練要求我們腳跟不碰地板地踮腳站立，每次二十分鐘，一腳站完換另一隻腳。我們還得負重並帶著彈力帶，配合最快的音樂一起跳舞或分開跳。等到了比賽的時候，我們才終於能與其他選手站在同樣的起跑線上，不像之前總是落後半步。我們學到的教訓是，身體和心理都要為你計畫做的事做好準備。

我們過去所學的英國技巧數十年來大多毫無變化，現在卻發現了新的、更為精密複雜的舞蹈技巧，能夠創造出頂尖選手特有的、充滿活力的動作與舞姿。我們的編舞重新設計過一遍，好能揚長避短。「為什麼要向評審展現你們不擅長的東西？」大衛用帶著濃濃口音的英文說：「如果你們只擅長一種舞步，那就反覆跳同一種舞步，直到能跳好另一種舞步為止！」他是認真的。我們學到的教訓是：專注於自己的強項時狀態最好。有時候其他人會看到你的弱點，只是因為你自己把弱點展現出來。

我們以前習慣獨自競爭，兩人一組，對抗全世界。過去認為那樣子很強大，彷彿掌控了自己的選擇，卻因視野有限而錯失諸多寶貴的資源。現在，我們去參加比賽時是大團隊的一分子。無論是在比賽當日或是回到練舞室的時光，教練都會指派經驗豐富的選手前來支援，提供我們意見。開始了解這個體系以後，我們才發現幾乎所有的頂尖選手都隸屬於類似的俱樂部體系。這情況隱於檯面下，所以我們之前都不知道。我們學到的教訓是：有時你可能不會意識到自己需要支援網絡——直到你擁有了支援網絡。

　　我們覺得自己光是參加比賽就費盡了千辛萬苦。後來某個星期六晚上，在布拉格和一對頂尖的荷蘭選手揚－威廉與肯德拉聊天。我們問他們的班機是什麼時候到的。「噢，我們沒有錢搭飛機，」肯德拉解釋說：「揚－威廉在當焊接工，我還是個學生。我們星期五晚上在阿姆斯特丹下班後，徹夜開車到布拉格，參加今天的比賽。」

　　我們查了一下，穿越整個德國需要開十個小時的車。「嗯，起碼在你們今晚開車回家前可以先睡個覺！」

　　「哦，沒有辦法，」揚－威廉回答：「我們今晚就要出發，通宵開到巴黎，明天要比賽。」

　　「真的嗎？」我說著查看地圖，發現他們又要再開十二小時的車。「不過，下星期你們會請假休息一陣子吧？」

　　「我們沒辦法請假！」肯德拉說：「星期一一早就要回去工作了。」

　　另一對選手則在傍晚離開練舞室，因為接下來趕著要去清潔辦公室好幾個鐘頭，而他們可是世界冠軍。以這項運動來說，要保持職業生涯的花費往往超過獎金上百倍。因此我們學到的教訓是：這些年來我們在自我催眠「這不可能實現」的時候，其他人卻在想方

設法。

此外，跳舞多年，我們一直在努力討好教練和評審。大衛正色說道：「你們的問題是太擔心他們的看法。我看得出來你們很擔心，害怕自己可能出錯。但是我可以告訴你們一件事，好讓你們的心情放鬆下來。你們永遠不可能跳對，永遠不可能完美，永遠不會成為世界冠軍。但是你們可以成為非常優異的舞者，只要你們別再擔心別人的看法。你們就這樣想吧：世界上沒有對與錯這回事，只有自己要選擇怎麼做。而評審也不過是在選擇自己喜不喜歡罷了。」我們學到的教訓是：我們因為渴求別人的認可而自我限制，沒有開創自己的路。

這些都是我們以前嘗試突破時忽略的因素：準備、投入、自信、信心。我們對達成目標總是滿懷熱情和渴望，如今擁有了幫助我們發揮最大潛力的工具和思維模式，感覺彷彿有人打開門向我們展示了新世界。接下來幾年，我們變成堅定自信的選手，發展出自己的風格並充分發揮創意才華。正職工作的同事也注意到我們和以前不同，變得意志堅定、目標明確。

在義大利的進展，使我們能夠以業餘選手身分代表英國參加世界及歐洲錦標賽。兩年後我們決定轉為職業選手，又參加了五次職業組的世界及歐洲錦標賽。我們很清楚這已是自身能力的巔峰，我們永遠無法爭奪冠軍，可是在莫斯科世界錦標賽上，當我們驕傲地走在運動員隊伍中，這時意識到我們已經實現了一直以來嚮往的夢想，一切的犧牲都值得了。我在策略方面的工作幫助我明瞭自我認同與方向，而舞蹈方面的生涯協助我思考「參與」及「本真」，這也就是IDEA思維模式的另外兩項原則。

舞蹈生涯過後：IDEA 思維模式的誕生

　　我逐漸開始覺得歲月不饒人，那時是二〇一三年，剛比完義大利世界表演舞錦標賽回來。我當年三十七歲，比大多數參賽選手大了十歲。我動過兩次膝蓋手術，第三次手術已經推遲了一年。鍛鍊很辛苦，術後恢復也越來越困難。我已經走到這條路的盡頭，心裡明白時候到了。對蜜德芮來說，退役更為難受，因為她比較年輕，原本還可以再繼續跳個幾年。當我們承認舞蹈生涯結束的那段時期，日子非常難熬。

　　儘管如此，回顧起整個舞蹈生涯，想到最後獲得的成果還是令我們覺得很驚奇。一開始只是一點白日夢，卻帶領我們到世界各地，達到十年前剛開始一起跳舞時完全意想不到的高度。我們帶著深厚的友誼、豐富的回憶，及增強自信的新思維模式退役，回到現實世界後，我們將繼續把這些東西應用在未來的職業生涯中。

　　雖然如此，我一時仍難以接受生活剛發生如此重大的變化。我必須設法向自己闡明一條迥然不同的未來生涯道路，一個像舞蹈一樣會令我興奮從事的職業。我提筆開始寫下一些目標，一邊仔細思考在考慮自己想做的工作時，我個人的定位點是什麼。

- 對一個人或許多人產生影響
- 掌控自己的命運
- 真心擅長自己正在做的事
- 勇於探索新的道路
- 輔導與指導
- 將這種思維介紹給更多的人

這些是我進入職業生涯下一階段所需要建立的基礎。關鍵是，每個定位點至少都用上一項IDEA原則——**自我認同、方向、參與、本真**：了解我在舞蹈以外的**自我認同**，找到明確的前進**方向**，打造一個和我剛離開的舞蹈界同樣讓我有**參與**感的未來職業，並且仍然保有我的價值及核心目的，也就是我的**本真**。在我們去義大利之前，IDEA思維模式的核心原則就已經在我腦海裡醞釀了好幾年，但是一直到我將自己在「企業界」與「菁英運動界」兩種並行的職業生涯的想法整合在一起，我才明白當這四種要素出現在生活中，能夠開發出龐大的潛力。

沒錯，未來是一大張白紙，但是我並不覺得焦慮，也不感到自我懷疑。不像我離開醫學界的時候，有一陣子感覺好像踏入未知領域般十分焦慮，因為現在我非常清楚對自己而言重要的是什麼，在什麼地方能有最佳的表現：在我覺得可以有所作為的組織裡，將策略與領導能力結合起來，再加上生涯輔導與指導。我早期的自我認同危機已經被自信所取代，即使今天我沒有全部的答案，我還是可以相信自己有能力找出前方的道路，充分發揮潛力。我對未來充滿興奮之情，我要為未來畫出藍圖並且付諸實現。

接下來六年，我從這些基礎的定位點開始，有意識地塑造自己的職業生涯。我擔任新的領導職務，在一家大型零售企業指揮策略及轉型計畫。我運用當職業舞者時學得的高效能新思維方法，採用和以前不同的方式來管理團隊。我在支持與挑戰間找到了新的平衡點，將團隊的目標擴展到他們以前認為不可能達成的目標，創造出讓他們可以成功的環境。我的目標是讓團隊成員能夠提升他們的技能，逐漸成為更具影響力的角色。

我的指導也進化為更有挑戰性。我會幫助下屬和客戶建立一種

思維模式，藉此去探索那些理性的大腦認為是「遙不可及」的機會。

我對自己擅長什麼以及應當如何分配時間也變得更有自信。我放棄那些不喜歡做的事，拒絕不符合我的願景和目的的機會。然而，我也開始做更多無償的工作，只要我覺得這些事情能夠對別人有所影響。最終，我在十五年後第一次回到學校，成為正式鑑定合格的高階主管教練，並且寫了一本書。

退役不再當舞者的這些年，我逐漸習慣了IDEA思維模式，如今已將這個思維模式完全內化。我還沒有規劃好下一個十年的藍圖，當然也沒有所有事情的答案，但是我覺得自己頭腦清晰平靜，知道內心的指南針將會引導我走向成功的未來。

我找到了一些對自己和輔導的客戶帶來正面改變的練習、工具，和技巧，將它們濃縮成一套有系統的反思練習課程，最終在二〇一八年推出IDEA課程（IDEA Programme®）。這套課程會把我輔導的客戶與IDEA思維模式連結起來，引導他們擬出強而有力的行動計畫，以達成最滿意的工作生涯。

這套課程的主軸是「自我認同」及「方向」——整趟旅程從了解你的現狀開始到設定目標，擬訂行動計畫，執行行動計畫，最後講述你的故事，幫助其他人參與你正在做的改變。圍繞著這個主軸，我編排了各種活動來建立「參與」及「本真」、價值觀和優勢，培養韌性、強健的身體，及主動負責的精神。

我讓指導的客戶實踐IDEA課程。一旦他們開始執行計畫，不僅看到自己的工作生涯有大幅度的變化，還表示自信心大大提升，這種思維方式的轉變影響了他們生活中的許多層面。他們在工作與生活上有了新的目的感，可以放下那些令人洩氣的事，覺得對自己的選擇多一點信心，對過去所做的決定少一點後悔。見識到IDEA課程的影響

後，我知道這個模式可行。這模式的核心是強烈的意圖和主動——你的目的、未來和職業生涯。

美國思維模式教練史蒂夫‧馬拉博利完美地詮釋了這一點：「這是我的人生……我的故事……我的書。我不再讓其他人來撰寫，也不會為自己所做的編輯修改而道歉。」

我意識到此課程的力量不僅僅是提供一組目標和一項行動計畫，而是極大的思維模式轉變，這項轉變來自於深切的自我反思，以及與對你而言最有意義的東西連結——當你用新的清晰思路和自信審視自己，必然會導致現實生活的改變。IDEA思維模式的概念就此誕生。

我的願景是將IDEA思維模式引介給更多的人。透過這本書和我的教練工作，我得以和世界各地的朋友、同事、客戶談論IDEA思維模式。本書中的練習是源自IDEA課程，為的是幫助你找到我第一批學生所發現的那種清晰、自信和目的感。除了規劃你理想的工作生涯，擬訂達成目標的行動計畫外，完成這些練習還有一樣成果是發掘你的IDEA思維模式，這將幫助你在未來的生涯中獲得成功與成就感。我希望這本書能帶給你清晰的思路，以及滿足感和成就感，就像我寫這本書的時候一樣！

六周構思出完美的未來工作環境：擁抱你的 IDEA 思維模式

在課程的前兩周，我們的重點將會放在弄清楚什麼東西能夠激勵你，你心目中成功的未來職業生涯是什麼樣子。這職業生涯是建立在你的「自我認同」上——認清你是什麼樣的人，你主張什麼，你天生擅長什麼；而且你很清楚自己的「方向」，明白你的終極目標是什

麼，並且知道遇到岔路時你會如何做決定。最後，你會發現如何根據自己的價值觀與核心目的來為工作定位，這會讓你有強烈的「本真」感覺。

最後四周，我們將會著重在「如何」達到你的生涯目標——無論是要澈底地轉業、從事自由業、開創靈活的組合型職業生涯、轉換角色，或是追求組織中的最高職位——以及如何利用能夠發揮你的優勢並且激發積極「參與」度的工作生涯計畫，在達成目標後繼續維持下去，並且帶領其他人與你同行。像這樣的旅程總是有起有落。我會教你如何控制方向盤，不偏離正軌，完好無損地抵達目的地，同時學會在規劃自己喜愛的工作方式時，如何講述你的故事才有助於讓周遭的人提供具有建設性的支持。

在這裡你要做的作業很多，所以要做好心理準備。當你想要做些野心勃勃的改變，就沒有忽略難事的餘地。你必須有破釜沉舟的決心。我們會採用各種各樣的方法來幫助你培養韌性、釋放潛力，而一些過去百年來智者的真知灼見將會幫助你變得更加了解自己。

你將要制訂一項行動計畫，把自己今天所在的位置與將來希望達到的位置銜接起來。我們會不斷探索、測試，確保計畫禁得起仔細審查，不會在遇到第一個意外的障礙就失敗。計畫將引導你找到令人非常滿足的工作及工作方式，並且充分發揮你的天賦，與你的目的和價值觀連結在一起。

到了本書末尾，你將擁有個人專屬的超級有效的行動計畫，開始向夢想的未來職業生涯邁出第一步，並且沉浸在自己的IDEA思維模式裡，主動掌握你從工作生涯中真正想得到的東西。

你的 IDEA 思維模式會是什麼模樣？

IDEA思維模式不是一張可以裱框掛在牆上的證書，也不是可以收藏在床下盒子裡的寶貝，而是深藏在你內心的東西。或許難以捉摸，但是卻非常強大。我的客戶說他們徹頭徹尾地改變，感覺和以前判若兩人。

你的新觀點和計畫將提供動力，讓你走向更令人滿足的工作生涯。這條路並不容易，不過你將有內心指南針引導你前行，即使遭遇困難也有新的技能和慣例支持你。

IDEA思維模式是屬於你個人的。沒有人可以幫你寫出你的願景、目的或者計畫。我當然也不可能！這就是為什麼在這本書裡你必須自己寫出來，書寫是這趟自我發現與改變的旅程的一部分。

這整本書裡有足夠的空間供你書寫，在末尾還有些額外的頁面（見297頁）。我喜歡用筆尖始終鋒利的自動鉛筆親手書寫，萬一改變主意時也可以擦掉。（你一定會改變的！）反反覆覆是這課程的關鍵，所以讓自己可以隨著思維進化輕鬆地修改塗寫的東西吧。

給大腦空間和時間

除了書寫的空間，你還需要思考的時間。這本書不適合匆匆瀏覽，必須讓大腦有空間和時間深思理解。你可能在星期一認為自己有了答案，但是到了星期三，再多思考一陣子就會明白有所欠缺。我經常讀到一些教練和自稱「自我成長大師」提供某種改變生活的速成法，然而正如同「沒有免費的午餐」，世上也沒有速成法。真正的改變需要花時間。倉促完成就會像快速減肥一樣，這星期體重下降，等

下星期恢復舊習慣，體重又會馬上回來。

　　這本書要分幾周閱讀。每一周都要讀些內容，也要完成一些練習。練習可能需要花費一個小時，也可能好幾個小時，取決於練習的性質，以及你想要多仔細地探索。有些初期的練習需要你跟朋友、同事討論，會需要較長的時間。

　　無論練習花費多長的時間，請記住每周的主要活動是思考。但是你不一定要坐在沙發上，盯著牆壁，皺起眉頭苦思！（假如那不是你最理想的工作狀態的話。）請創造一個可以給自己空間和時間的環境，也許是在上班的工作空檔讓思緒游離一下，或者午休時間外出散散步，又或許是坐在公園裡或是望出窗外，任憑大腦放空。

　　當我們任由大腦自行運轉時，大腦的工作效率最好。你只需要在看過本書的練習題後，將正確的問題放入鍋中，然後蓋上鍋蓋，用文火慢慢燉。等煮好後大腦自會告訴你。

　　雖然我將課程分成數周，但有需要的話你可以花更多時間練習。如果想要進行得快一點也可以，不過要注意這樣可能就沒有給大腦充分思考的時間。你不會想碰到把烤肉從烤箱拿出來，卻發現中間還是生的情況吧。

　　你也可以在兩周的閱讀和練習之間暫停一下。你可能這一周有明確的日程表，可以好好做完一組練習題，但是下一周可能忙得不可開交。請不要勉強。記住，大腦需要合適的環境才能好好思考，不過，也小心不要暫停太久，導致完全失去動力。規劃好你的日程表，這樣一來就知道何時可以完成這周的練習。每周完成練習的時候，不妨慶祝一下，激勵自己。有動力和動機才會激發你繼續行動。

　　這一切的努力值得嗎？絕對值得。發掘你的IDEA思維模式，讓工作生涯變得更好，將會帶來顛覆性的改變。

從剛才閱讀的內容中寫下你特別有共鳴的事情，以及為什麼？
....
....
....
....
....
....
....
....
....

自我覺察：練習更加了解自己的想法與感受，包括看到、聽到、感受到、注意到，以及心中所想的。更了解自己有助於你改變思維模式，這本書裡有許多練習將幫助你提高自我覺察的能力。

邁出第一步

你拿起這本書也許是因為眼前各種可能的職業生涯選擇令你感到困惑,未知的事物讓你不知所措,擔心會搞砸一切。或者你可能正試圖完成某件富有挑戰性的事,還不確定要如何著手處理。那感覺好像走在山邊,沿著一條狹窄的小路緩緩前行,踏錯一步就可能失足從岩脊滑落。

但是你並不孤單。

由於全球疫病大流行,很多人都在重新思考工作中最重要的是什麼以及自己的生活方式。根據微軟公司二〇二一年工作趨勢指數報告的調查結果顯示,全球百分之四十一的勞動人口都在考慮明年要換工作,這幾乎是二〇二〇年有類似意向的人數比例的兩倍。

此外,二〇二一年創立新公司的數量激增,比前兩年的平均數多出百分之十五。疫情讓一些人有機會去實現夢想多年的點子。或許由於疫情導致我們的工作方式發生前所未有的快速轉變,促使大家重新評估自己想要從目前的角色或是雇主那邊得到什麼。

你在這方面也不孤單。

員工的期待改變了,如今已無法忍受工作缺乏彈性,以及微觀

管理、目標導向的雇主，這些雇主讓員工覺得自己需要為了擁有家庭，或者對工作以外的事務感興趣而道歉。這些對雇主的責難，也意味著員工要求在工作時更有人性、更能保持本真。我們在尋找真心希望團隊成員在工作時展現完整自我的雇主。

但是，知道其他人也在著手進行工作與生活的重大改變時，我們能獲得的安慰有限。在日子難過時，我們仍覺得自己的道路像是被不可踰越的障礙給封鎖住。在這樣的日子裡，你需要的是清晰的思路和自信，知道自己所需要做的就是一步一步地向前。

清晰的思路和自信正是本書的重點。

你會用什麼詞彙來形容你今天工作的思維模式？

所以請你先邁出第一步，再跨出下一步，一步接著一步。有本書當你的嚮導，攀登自會水到渠成。

我們已經談到，想要達成你的生涯目標並學得IDEA思維模式，

就必須採取行動。有時候，以你目前僅有的參考框架可能很難想像這趟旅程的發展。就像在我和蜜德芮去義大利受訓之前，對那裡一無所知，也不知道這麼做會不會影響我們在家鄉的工作。如果知道有哪些可能性，也許我們會更早想方法前往那裡。

倘若你懷疑自己的職業選擇或是正要尋找新的挑戰，我可以保證你還沒有完全發揮自己的才能，而且你並不孤單。以下這些大膽改變的人也勇於想像不同的未來：

喬治‧亞曼尼接受過醫師訓練，曾在軍醫院工作。他確定自己想要改變，於是到米蘭奢華的百貨公司「文藝復興百貨」布置櫥窗，這是他跨入時尚界的開端。

約翰‧傳奇早在歌唱才華讓他成為全球巨星之前，曾在波士頓顧問集團擔任初級管理顧問，負責資料分析和做簡報。

菲力普‧普曼出版代表作《黑暗元素三部曲》前在學校教了二十五年的書，在那之後才開始全職寫作。

王薇薇是國家級的花式滑冰選手，差一點就獲得參加一九六八年奧運會的資格。從花滑生涯退役後，她重新接受培訓當上時尚記者，最後成為今日的頂尖時裝設計師。

如同世界一流的高階主管教練馬歇爾‧葛史密斯所寫：「讓你今日成功的方法未必能保證你明日的成功。」如果翻過圍籬能發揮你的才能、熱情、精神和雄心壯志，有時候圍籬另一側的草確實更加翠

綠！所以，有件重要的事情你一定要知道，那就是本書可以幫助你找到清晰思路與目的，也能幫助你在未來的職業生涯達到非凡的成就，但是……

> 唯一能讓一切成真的只有你自己。

自我認同、方向、參與、本真

在我成長過程中，經常玩一種一九五〇年代的桌遊，玩法有點像大富翁，名為「職業生涯」。在棋盤中間有一系列的「職業道路」，你要循著路徑逐步達成。

不同的職業——農業、商業、好萊塢、鈾礦、月球——提供了贏得（還有失去！）金錢、名聲及幸福點數的機會。進入商業界，你可以獲得升遷和加薪，但若是走到「野心過大」的格子中，你就會遭到解雇，最後失業淪落到「公園長椅」上。跨入好萊塢可以讓你名利雙收，可是萬一走到「醜聞」格子，你就會失去所有的幸福點數。

在遊戲開始前你必須在紙上寫下祕密的成功公式，實現成功公式就能獲勝。你必須在金錢、名聲、幸福這三大類別中總計累積六十點。有些人會設計出均衡的成功公式，目標是在各個類別都獲得二十點。有些人會將所有籌碼全押在單一類別上，例如追求六十點的金錢或名聲，完全忽略幸福！你必須決定自己的優先事項，然後全心投入，真不愧是由頂尖的社會學家詹姆斯・庫克・布朗博士

所發明的桌遊。

現實生活和桌遊中一樣，你通常不可能擁有一切，不可能擁有全部的金錢、全部的幸福、全部的名聲。在現實生活中，你必須決定自己重視的是什麼再去追求。對你來說最重要的可能是幸福；也許你是金錢至上；或許你只想出名，就算只是在業界也好。又或者你可能想要三者兼得。

那麼你該如何選擇呢？嗯，這就非常因人而異了。

IDEA思維模式將會鞏固你認為重要的事。利用IDEA思維模式，你會充分了解自己是什麼樣的人：

- **自我認同**——你會清楚知道自己理想的未來工作生涯是什麼樣子。
- **方向**——你會知道如何到達目的地。
- **參與**——你會覺得自己全心全意地投入在所做的工作中。
- **本真**——你會覺得你所做的事忠於自己的價值觀與核心目的。

我的客戶開始上IDEA課程之前，會做一份簡單的評估，估量他們在自我認同、方向、參與、本真四方面的起點。你等一下很快就會做完同一份評估。有趣的是，不同的人被問及是否覺得自己缺乏清楚的**自我認同**，對工作的**參與**度不高，沒有明確的**方向**或不夠**本真**的時候，回答總是非常廣泛。然而，當我問到：「你對這次評估的結果是否感到意外？」答案卻清一色是否定。大家似乎都知道自己的缺口，只需要人家幫忙填補。這正是本書可以派上用場的地方。

我們來看看IDEA思維模式的四個要素吧。

自我認同

「自我認同」是你的自我意識：你是什麼樣的人，你主張什麼，你重視什麼問題。這之中包括你的優勢和你擅長的領域。自我認同反映在別人對你的看法以及這些看法是否與你對自己的評價一致上。

如果擁有強烈的自我認同感，通常會有類似以下的言論：

- 「我做的是我喜愛的工作，我就是為了做這些事而選擇待在這裡。」
- 「我並不意外自己樂在工作，因為我做的是非常擅長的事。」
- 「我很清楚我的績效評估會出現什麼評論──不論是好是壞。」

自我認同感薄弱的言論則是：

- 「我真的不知道我應該做什麼樣的工作。」
- 「我不曉得為什麼會覺得工作很困難、令人沮喪。」
- 「我很驚訝工作團隊認為我管太多，也許我是個糟糕的上司。」

方向

「方向」是明確知道前方的道路，清楚你的長期目標、宏大的願景是什麼，當面臨抉擇時知道自己該走哪條路。如果沒有明確的方向感，在必須做決定時就會感覺像迷失在樹林裡不知所措，可能會事後批評自己已經做的決定。

如果擁有強烈的方向感，通常會有類似以下的言論：

- 「我真的想要在幾年後經營自己的公司。」
- 「我獲得出國一年的機會，但認真考慮後拒絕了，因為不適

合我。」

● 「去年我辭掉了一份工作，因為覺得發展機會有限。那間公司今年業績很好，假如我當時再多待一陣子就可以拿到可觀的獎金，不過我做了正確的決定。」

方向感薄弱的言論是：

● 「我還在等待別人主動給我○○職位，我覺得自己有資格。他們知道哪裡可以找到我。」

● 「我早上打開電子信箱就開始處理各種危機，希望在一天結束前能夠順利解決。我才沒有時間去思考自己真正想做什麼。」

● 「我去年確實為我想達成的目標草擬了初步計畫，最後大概是塞在哪個抽屜裡了吧，不記得了。」

參與

「參與」是你對生活及工作投入的程度：你對接下來的一天懷抱多少熱情，在一天結束時有多少成就感。在無法工作時你會想念工作嗎？你工作的環境和同事能夠讓你展現出最好的一面嗎？參與度不高的話，你會覺得無聊或心煩意亂，沒什麼動力去完成更多的事，可能會因為無法再繼續面對而想要辭職，而不是積極想追求令人興奮的新機會。

如果擁有強烈的參與感，通常會有類似以下的言論：

● 「我對今天要做的事感到非常興奮，這是我夢寐以求的工作。」

● 「我真的很喜歡和同事共事。」

● 「我喜歡在閒暇時間和朋友聊工作的事。」

參與感薄弱的言論是：

- 「天啊，又是星期一早上了、又到星期二早上了、又到星期三早上了。」
- 「我想不出來這份工作有什麼值得我驕傲的事。」
- 「這只是一份工作而已。（看手錶）差不多可以回家了吧？等時鐘走到整點就打卡。」

本真

當你的行為和選擇與你的價值觀和人生目的連結在一起，你就會有深刻的「本真」感。你對自己所做的事有熱情嗎？具有強烈本真感的人通常都把情緒管理得很好。即使遇到困難的時候你也能夠理解，因為完全清楚自己的選擇和行動。你注意到自己的工作如何影響他人，為他們帶來改變，你的領導是負有責任。

如果擁有強烈的本真感，通常會有類似以下的言論：

- 「我可以明確告訴你，我為什麼在這裡做這份工作。」
- 「協助需要幫助的人獲得改善，讓我充滿幹勁。」
- 「你可以相信我，我一定會來的。如果你需要我，我在所不辭，一定全心全意地投入。」

本真感薄弱的言論是：

- 「我做這份工作只是為了錢。等我存夠錢了，就會從事我『真正』喜歡的職業。」（以為將來總有一天你會真的辭掉討厭的高薪工作，這是一大錯覺！）
- 「我不贊成公司的一些做法，但是說出來很麻煩，何必要提呢。」
- 「我在工作時經常覺得灰心，但是說出來也不會有什麼區別。」

當**自我認同、方向、參與、本真**這四項要素成為你的指導原則，你的IDEA思維模式就會開啟。

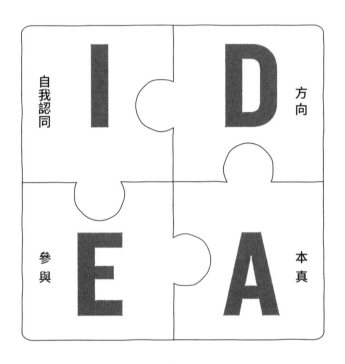

我先申明，這不是一本有原創研究支持的科普書，也不是多年來研究腦部掃描的結果，或者參考了新的心理學研究所寫成。但是這本書裡所寫的方法當然都經過測試驗證。這裡頭的策略有很多都以類似的形式應用了幾十年，在成千上萬的人身上得到非凡成效。

這裡的創新之處在於我為你安排的作業是經過精心整合、編排，以發揮最大的影響力。你做這些練習的順序、運用這些工具時的情況、投注在課程每個步驟中的時間，以及為了讓每項練習發揮最大

效用的獨特調配方式，這一切——也就是課程本身——絕對是獨一無二，目標是為你的工作生涯帶來持久又澈底的改變。

這本書的目的是讓你思考，幫助你成長、改變。我希望你會運用、記住這本書，並推薦給朋友同事。「IDEA思維模式」的力量和魔力在於簡單。我在職業生涯中學到的一點是，最好的主意往往是最簡單的。愛因斯坦曾說：「如果你無法簡單地說明，表示你了解得不夠透澈。」

這本書簡單易懂，但是並不代表旅程輕鬆，過程應該會極富挑戰性。不過一旦你學會了IDEA思維模式就很容易堅持下去，這就是我喜歡它的原因。等你學到了就會明白為什麼，而且永遠不會再回頭。

現在，我們來談談你即將在腦中進行的旅程吧。

反思

去照一下鏡子吧，不要只是整理頭髮或欣賞自己難以想像的美貌，而是仔細端詳自己，持續細看整整一分鐘。你能看上兩分鐘嗎？

感覺很尷尬，對不對？為什麼？因為我們從來不這麼做，我的意思是，我們沒有真正地審視自己。我們的目光總是向外，不向內。

在當教練時，我有時會將自己的作用說成是「高舉鏡子」——幫助客戶端詳、反省自己，想想自己是什麼樣的人以及對自己有什麼看法。在練習時，我可能會注意並點出他們在談論自己時使用的某個詞彙，或者評論他們的幹勁或肢體語言的變化。

但是現在我不在你身邊，所以你必須當自己的教練。

請注意，當你進入自我反思模式時，可能需要一些練習才能克

服最初的尷尬感。一開始你可能不喜歡眼中所見，可是如果你不看就不會了解；而你不了解的話就無法開始創造你在尋找的新思維模式。

給自己充分的時間和注意力。面對眼前該看該知道的一切，不要掩蓋問題。這就是你。

花點時間反思吧。

> 我們在流水中
> 看不見自己的倒影，
> 唯有在靜水中方能看到。
>
> ——道家格言——

寫下你端詳鏡中的自己時腦中浮現的六個詞彙
1.
2.
3.
4.
5.
6.

最難的是開始著手

改變總是很困難嗎？不，不一定。當你真的不喜歡自己現在的狀態、沒有障礙阻撓你做出需要的改變時就很簡單。但是假如你能容忍現在的狀況、你和更美好的未來之間又有很高的障礙時，那麼要改變就可能非常艱難。什麼都不做總是比較容易，尤其是在你壓力很大、疲憊、厭世的時候。

社會壓力表示我們很容易想到問題、困難和挑戰。因此，難怪我們在考慮工作生涯需要做出的改變時，內心似乎總是喋喋不休地說著我們為何不應該如此費事的理由，以及假如我們嘗試不同的東西可能會出現的問題。

在我們的成長過程中，權威（父母、師長、直屬上司）所使用的言詞可能會特別著重在我們的弱點上，例如「你為什麼還沒有……？」「你為什麼不……？」「你應該……！」「你必須……！」

這些聲音都很苛求，不斷地督促、干涉，製造負面思想的漩渦。他們說我們需要修正自己，他們會像漩渦般把我們拖下去。我們會將這些聲音內化，直到自己腦中的想法也變成採取同樣負面的語調。

但是你可以讓「困難的改變」感覺容易許多。表達想法的方式會影響我們在面對職業生涯中的挑戰和機會時，究竟是感到不知所措還是迫切期待。

想像如果你能夠將敘述方式改成更專注在機會與優勢上：「想像一下如果我……！」「我想知道我是否能夠……？」「如果我……？」「如果我們……？」這些針對新的可能性的表達方式可以

激勵人心，令人興奮、充滿好奇，並且相互合作、不加以評判。這些新的表達方式告訴我們需要擴展自己，要專注在自身強項、想像自己的機會；它們能像熱氣球般將我們抬起來。

簡單改變敘述方式，就能產生戲劇性的影響。英國著名的指揮及領導力專家班傑明‧詹德在YouTube上的演講中完美地詮釋了這種轉變。如果你現在就能將腦海中的聲音變成這樣激勵人的語氣呢？這會讓你更容易起步踏上理想工作生涯的旅程。另外要想掌控局面，你必須著手開始。很多人無法實現夢想就是因為沒有開始採取行動。

所以這裡有個好消息：就算你目前唯一做的是閱讀這本書，你也已經開始了。

通往 IDEA 思維模式的旅程

要展開這趟旅程你需要什麼？只有兩件事，首先是持有這本書！第二，願意全心全意地投入。

本書內容談的是如何讓你的工作生涯產生真正持久的改變。你現在在這裡的原因是什麼？是什麼激發你對這本書的興趣遠勝過其他的書？請好好抓住這個想法。

找出理想工作生涯的旅程共有六個步驟，依照這些步驟去做你就會發現自己的IDEA思維模式。

這些步驟共同合作，透過提高你的自覺，協助你擬訂未來的計畫，建立你個人的敘述方式來發掘你的**自我認同、方向、參與**，和**本真**。如同烤

> 我們都在陰溝裡，
> 但仍有人仰望著星空。
>
> ——奧斯卡‧王爾德——

蛋糕一般，按照食譜的步驟去做，再加上一點運氣，等打開烤箱門時，所有的材料就會成為美麗可口的糕點。

在每一個步驟都有練習題、啟發思考的問題、鼓舞人心的故事、想法和工具來協助你走這段旅程。記得我之前說過給大腦空間和時間去思考的重要性（見29-30頁）嗎？花在思考上的時間甚至比花在閱讀寫作上的時間更為重要，請先閱讀一遍好讓學到的東西滲入腦中。

IDEA
思維模式　　你不能到最後期限前才思考

每星期你還要做兩項「得力行動」，這些目標明確的任務將提供你動力完成這幾周的課程。最後，你會發現每周都有推薦的配樂——三首幫助你進入狀況的音樂。所有的曲目都可以在YouTube上找到，我通常會推薦某個特定的版本。音樂一直是我生活中很重要的部分，身為職業舞者，找到合適的音樂搭配演出，保證能激發出我們額外百分之十到二十的潛力。音樂與人的連結非常深層，是讓你進入工作狀態的好方法。

在開始一周的閱讀和練習之前播放第一首曲子，幫助你調整到適當的精神狀態。第二首曲子是在你閱讀、思考、書寫時重複播放的背景音樂。第三首是在你做完練習時播放的，慶祝完成練習並且提振你前往下一步驟所需要的幹勁。

以下是每周課程內容的概要：

第一周：了解自己

你是什麼樣的人，你主張什麼？

你最擅長什麼？

開始邁向理想工作生涯的旅程時，必須深思你目前所在的位置，對你來說重要的是什麼，你的優勢是什麼，這些全是「自我認同」的關鍵。另外你也要想想自己的價值觀，這會奠定我們思考「本真」的基礎，我們將在整個課程中不斷談論這點。

你將完成三項練習：

1. 探究你的價值觀（見67頁）
2. 發掘你的優勢（見75頁）
3. 排出你關注事項的優先順序（見95頁）

你將展開兩項得力行動：

1. 開始寫反思日記（見100頁）
2. 讓進步成為每日的習慣（見101頁）

第二周：設定航向

你宏大的願景是什麼？

為了達成目標，你需要實現什麼？

在想出達成目標的方法前，你需要先知道自己終極的生涯目標是什麼。勾勒出你的目標、願景、目的——你為什麼選擇做這件事——將有助於建立強烈的自我認同感與方向感。唯有將精力投注在有

深切目的感的職業生涯道路上，你才會真的對工作有參與感，而且知道這份工作保持了你的本真。

你將完成三項練習：

1. 定義你的願景（見111頁）
2. 定義你的目的（見117頁）
3. 設定你的目標（見122頁）

你將展開兩項得力行動：

1. 分享你的願景和目的（見131頁）
2. 騰出時間思考（見132頁）

第三周：讓身心做好改變的準備

你要如何培養心理韌性？

你如何能夠改善身體健康？

改變工作生涯並不容易，如果你想要改變而且堅持下去，身心就必須盡可能保持在最佳狀態。在這個階段，你將深思為了培養心理韌性、打造健康的身體需要做些什麼，你會開始做些深思熟慮後的決定，幫助身心在最佳狀態下運作，包括吃更健康的食物，獲得品質更好的睡眠，將運動納入日常生活中。得到充分休息的健康身心會感覺更有自信、更有把握，更樂於接受積極的改變。

你將完成三項練習：

1. 韌性的自我評估（見152頁）
2. 睡眠日誌（見159頁）
3. 飲食與健身日記（見166頁）

你將展開兩項得力行動：

1. 鼓勵積極性（見177頁）
2. 寫下肯定的詞語（見179頁）

第四周：擬訂行動計畫

為了一步步實現你的願景，你需要做些什麼？

你需要別人幫什麼忙？

這周你要擬出一份詳盡、健全的行動計畫，它將引導你通向完美的工作生涯，無論是要澈底改變職業、追求升遷加薪、調整工作與生活的平衡，或是其他全然不同的東西。第二周的時候，我們考慮了你對完美工作生涯的長期願景有什麼想法，以及你打算達成的目標——這周就是談到你要如何做才能實現目標。為了能夠推動事情進展，你不必現在就確切知道目的地，只需要知道當下要如何做決定。

你將完成三項練習：

1. 制訂行動（見195頁）
2. 請求協助（見202頁）
3. 擬訂時間表（見209頁）

你將展開兩項得力行動：

1. 制訂行事曆（見217頁）
2. 許下不可回頭的承諾（見217頁）

第五周：堅持到底

面對不可避免的挑戰時，如何讓新的思維模式成為永久的處事方法？

在邁向澈底改變的旅程中，你預期會有什麼樣的情緒變化？

在個人改變的顛簸道路上，事情不一定會按照計畫進行，很多事情花費的時間往往比你希望的要久。這一個步驟將幫助你即使在艱難的時刻，無論生活丟給你什麼樣的問題，都能保持前進的動力，在情緒上持續與你轉換職業的行動計畫保持參與感。

你將完成三項練習：

1. 為成功做好準備（見228頁）
2. 觀察情緒變化（見236頁）
3. 逃離流沙（見244頁）

你將展開兩項得力行動：

1. 記錄你的情緒（見245頁）
2. 訓練你的大腦（見246頁）

第六周：講述你的故事

你要如何講你的故事？

你要如何讓其他人和你一起踏上旅程？

你需要能夠將課程裡的所有要素融會貫通，這個階段我們會努力創造一個引人入勝的故事，讓你可以把這趟旅程講給其他人聽。若能吸引你的同事、朋友、上司、新工作的面試官和你同行，他們就會

支持、認同並與你合作，為你開闢通往完美工作生涯之路。你要如何向他們說明你知道自己是什麼樣的人（自我認同），你清楚自己要往哪裡去（方向），你有熱忱和熱情（參與），你個人全心全意地投入（本真）？

你將完成三項練習：

1. 談論要點（見265頁）
2. 建構你的陳述（見271頁）
3. 檢驗你的故事（見276頁）

你將展開兩項得力行動：

1. 更新網上個人資料（見278頁）
2. 培養人脈與進行連結（見278頁）

整套課程就是這樣，你覺得如何？迫不及待？害怕？還是充滿期待？光想到這一切就有點累了？如果你心態積極而且有一小時的空閒時間，那就熱切地投身到下一個任務中吧。可是如果前方的任務嚇倒了你，那就抽出十分鐘，在這段時間內盡你所能地去做，然後就停止。這是正所謂的「邊際利潤」，你會驚訝地發現做點提升自我的事多麼能夠振奮心情。

在我們深入介紹細節之前，先開始練習一下自我反思吧。

從你所在的地方、
以你擁有的一切開始。

——吉姆・羅恩——
（勵志演說家）

促使你買這本書的理由是什麼？

_____

_____

_____

_____

_____

如果你可以改變工作生涯中的一件事，會是什麼？

_____

_____

_____

_____

_____

如果你可以保留工作生涯中的一件事，會是什麼？

如果你可以做一件在職業生涯中從未做過的事，會是什麼？

你夢想的工作是……

....

....

....

....

....

在工作環境中最能激勵你的人是……
（可以是同事，也可以是沒有與你直接共事、但是你覺得在工作中能夠鼓舞你的人）

....

....

....

....

....

你的 IDEA 概況

　　我們繼續做個簡單的問卷，衡量你今天根據IDEA的各項要素──**自我認同、方向、參與、本真**──會給自己評多少分。這份問卷的結果將說明你的「IDEA概況」，可以給予你很好的建議，讓你知道你需要做些什麼來建立IDEA思維模式。

　　對於每句陳述，請在適當的欄位打勾。

自我認同	非常同意	同意	不同意	非常不同意
1. 我明確知道自己的獨特之處以及與別人的共同之處				
2. 我明確知道自己的個人價值觀				
3. 我明確知道比我資深的人對我的看法				
4. 我明確知道同儕／同事／朋友對我的看法				
5. 我明確知道比我資淺的人對我的看法				
各項打勾的分數	+2	+1	-1	-2
總分				

方向	非常同意	同意	不同意	非常不同意
1. 我很清楚自己的長期目標				
2. 我很清楚我需要採取哪些重要手段才能實現目標				
3. 我很清楚自己下一步要去哪裡				
4. 我已經制訂了簡單的行動計畫				
5. 我的行動計畫進展得很順利				
各項打勾的分數	+2	+1	-1	-2
總分				

參與	非常同意	同意	不同意	非常不同意
1. 早上起床時，我通常對即將到來的一天充滿熱情				
2. 睡覺時，我總是對自己當天做過的事很有成就感				
3. 我現在做的工作很適合我				
4. 我和一群能激發出我的最佳狀態的人共事，我也積極尋找這類的人一起工作				
5. 我喜歡跟別人談起我的工作				
各項打勾的分數	+2	+1	-1	-2
總分				

本真	非常同意	同意	不同意	非常不同意
1. 我對自己的工作有強烈的目的感				
2. 我的工作符合我的價值觀，也就是我認為重要的事				
3. 我全心全意地投入，在工作時不只用腦也用心				
4. 我在工作中發展出持久的關係，我花時間傾聽同事、客戶、顧客的意見，並考慮到其他人的需求				
5. 我工作時嚴守紀律，並且好好地控制自己的情緒				
各項打勾的分數	+2	+1	-1	-2
總分				

分數加總

你寫完了問卷，請在下面的方格中填上各項目的總分，計算出每項要素的總和。

要素	非常同意	同意	不同意	非常不同意	總和
範例	+4	+1	-2	0	+3
自我認同					
方向					
參與					
本真					

成果解讀

四項要素中，你哪一項得分最高？

....

....

....

....

....

你哪些要素的得分相對較低？

....

....

....

....

....

這符合你的預期還是有一些是意外？

恭喜你，初步練習到此結束。喘口氣，我們再從第一周開始。

了解自己

KNOW
YOURSELF

開始做事的方法就是別再空談、
展開行動。

──華特‧迪士尼──

探究你真實的自我以及想從工作生涯中獲得什麼，不只是第一周的重點，也是培養強烈的自我認同感的關鍵，這是IDEA思維模式的第一項原則。倘若你想要實現真正的改變，那就需要花一些優質時間來思考、計畫與行動。什麼是「優質時間」？優質時間指的是你專心一意、心無雜念的時間，是你在一天中吃飽、喝足、充分休息過的時刻。這段時間長得足夠你完成一些有意義的工作。投入優質時間，你就會得到回報，因為你的思維模式會有良好的反應。

我希望你對自己許下承諾，接下來一周你將全神貫注在課程的第一步上，好好地閱讀、思考、行動。你會需要在平常所做的事之外抽空閱讀，並且騰出特定的時間來做練習題。整個過程所需的時間取決於你的工作方式及思考的深度，不過可以的話，目標是在七天內完成這一步驟。

馬上在行事曆上標記出這周的最後一天，這樣你就知道期限為何了。

要改變現狀的第一課是：光閱讀是無法達成的，你必須啟動改變。一旦讀完，就必須思考、書寫、計畫，著手去達成目標。我和蜜德芮還在跳舞的時候，假如當時沒有投入時間進練舞室，為我們想參加的比賽做好計畫，堅持完成預先規劃好的飲食和練習方式，那麼所有思考如何改善自己表現的念頭都毫無價值。世界上有成千上百的自我成長書籍，上百萬人讀過後卻沒有改變他們的生活；請讓這本書幫助你真的改變你的生活吧。

這一周你可以用不同的方式管理你的「思考時間」和「行動時間」。在思考時間，你不一定得要一直坐在桌子或電腦螢幕前面。有時最佳的思考時間反而是在過正常生活的時候，例如通勤上班、遛狗或者洗衣服。不妨隨身攜帶這本書，你在閱讀那些練習時，可以快

速在頁邊空白處或是書的後面（見297頁）寫下腦中浮現的想法和點子。或者在一周的前幾天先熟讀需要做的事，然後隨時想到什麼就記在手機上。

> **IDEA 思維模式**　把想法放入鍋中，蓋上鍋蓋，用文火慢慢燉，在煮好前都別偷看。

你除了花時間專心思考練習題的回答，還需要再花點時間寫下答案。這時建議你找個沒有干擾的安靜角落，待個一小時左右。你需要一段時間讓大腦安定下來，沉靜下來非常重要。要從緊張的會議跳脫出來，直接進入深刻的自我反思狀態是很困難的。你需要給大腦一些時間來降低轉速、換檔。

以下這周你要完成三項練習。

我們將從「探究你的價值觀」（見67頁）開始，這會揭露那些定義你是什麼樣的人、對你來說什麼很重要，以及驅使你做這些選擇的理由等內在真相。

接下來，我們要繼續「發掘你的優勢」（見75頁），這會揭示你最擅長的項目及個人天賦。將計畫與你的天賦及優勢結合，就像順風奔跑一般，會讓你更容易贏得比賽。

最後，我們要考慮「排出你關注事項的優先順序」（見95頁）。根據我的經驗，比起做很多小改變，專注在少數有強大影響力的改變上更有可能成功達成生涯目標。就像我有時對客戶說的，假如

你只有空踏出一步，那就邁一大步吧。

在每周結束的時候，你還要做兩項得力行動。得力行動是幫助你加速旅程的標靶練習，這是「嶄新的你」的開始。本周的兩項得力行動是：

1. 開始寫反思日記（見100頁）
2. 讓進步成為每日的習慣（見101頁）

♪ **本周配樂** ♫

這周的配樂是有關自我認同、連結，與開端。

在開始本周的閱讀與練習前，播放這首曲子幫助你進入狀態：約翰‧威廉斯的「《辛德勒的名單》主題曲」。請看二〇一八年荷蘭交響樂團演奏的版本。英國管演奏家黛薇妲‧史蓋佛斯因身體狀況而中斷了職業的演奏生涯，可是在這場演出當天，她實現了自己的夢想，在她女兒十八歲生日這天與交響樂團合奏這首美妙的作品——整場表演是段真正令人動容的旅程。

當你在閱讀、思考、書寫的時候，將這首曲子當背景音樂重複播放：漢斯‧季默的「《星際效應》主題曲」。這部二〇一四年的電影巨作將幫助你打開心胸，讓你的心胸壯闊無比。想要集中精神或學習時，漢斯‧季默的樂曲非常適合拿來當背景音樂播放。

在你做完練習時播放這首曲子，慶祝你完成並且提供你邁向下一步驟所需的令人振奮的能量：凱拉‧賽特爾的〈這就是我〉。在深思自己的力量與強項時，這首電影《大娛樂家》（二〇一七年）裡的曲子會讓你充滿正能量。找一下他們在前期製作工作室裡拍攝的版本，你會看到凱拉最初表演時自然奔放的熱情。

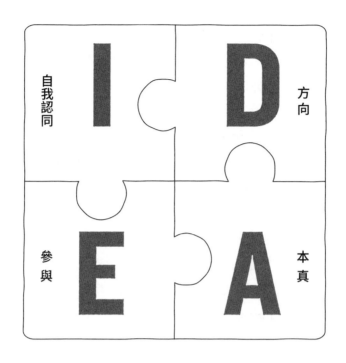

練習一：探究你的價值觀

　　我和蜜德芮第一次到義大利時，正面臨了重大的決定——是否要大膽激進，冒著失去正職、理智、穩定、收入的風險，還是放棄社交舞生涯？我們自問：「為什麼要顛覆自己的生活來追求這個夢想？」我們了解到這可歸結為三種共同的價值觀。第一，堅持不懈。我們的旅程還沒有結束，我們不是半途而廢的人。第二，適應性。假如通往巔峰的道路需要我們拋棄之前建立的一切、從頭再開始，那就這麼做吧，我們沒那麼多愁善感。第三，不墨守成規。我們喜歡當個叛逆者，離開體制努力走出自己的路。沒有人預期我們會成功，這樣的挑戰反倒激勵了我們。

在開始舞蹈生涯之前，我並不認為自己是個以價值觀為主導的人。自從退役後，我開始比較注意自己是什麼樣的人，以及促使我做一件事的原因。這就是為什麼我放棄了自己可以做得很好卻不喜歡的機會，決定從事全職的教練工作。我很滿意自己做的決定，不會為了原本可能擁有的機會而煩惱。

我們都有自己信仰的價值：勇敢或謙遜、誠實或慷慨。價值觀是你一生的生活方式、所做的選擇、與其他人互動的導軌。價值觀會反映出你對是非對錯的看法，也會影響你的行為。

很多人是透過經驗發現自己的價值觀。當特別好或壞的事情發生在身上時，我們注意到自己的感受。當面臨艱難的抉擇時，我們注意到自己考慮的是哪些因素。我們通常要處在特別充滿喜悅或高度緊張的情況下才會知道自己的價值觀，因為此時才會大為彰顯價值觀的存在。

真正的價值觀會促使你去做某事或者停止做某事，倘若你不會因此採取不同的行動，那就不是真正的價值觀。舉例來說，你選擇拒絕一份需要周末加班的高薪工作，因為你很重視自己的休閒時間，或是與家人朋友共度的時光。又例如你願意不遠千里搬到新的地方，就為了到一家你欣賞其營運宗旨的機構工作。

我們大概都能說出身邊一些擁有堅定價值觀的人。他們可能是每周末都到食物銀行當志工的朋友；主動討論職場霸凌話題，幫助那些難以求助者的同事；由於投資人並非真正相信公司的使命，而拒絕對

> 價值觀如同指紋，
> 每個人的都不同，但是會在
> 你做過的一切留下痕跡。
>
> ——貓王——

方投資的永續發展企業家。但是價值觀不一定要等同於有強烈的社會良知，追求品質是一種價值；專業精神是一種價值；冒險、樂趣也都是一種價值。

如果你可以確認並清楚地表達自己的價值觀，那就是建立「自我認同感」最重要的第一步。上次你不得不做重大決定時，驅使你做出選擇的是什麼？你喜歡在朋友、同事身上看到哪些特質和行為？別人的什麼行為會真的惹惱你？這說明了對你來說什麼很重要？

寫下四到六個你認為反映出你的價值觀的詞彙。這些詞彙應該要具體並且對你具有意義，並且請重讀一遍，如果發現這些詞彙幾乎可以拿來形容任何人，那就再想些不同的。

接下來，想想這些價值是否真的推動了你人生的選擇與行為。你能想到自己曾經因為這些價值觀而決定做或者不做某件事嗎？

反映你的價值觀的詞彙：

　　現在我們來深入探究一些可能幫助你釐清、琢磨這些價值觀的情況。價值觀會在正面的情況下顯現出來，也可能在你遭遇非常負面的情況下消失無蹤。

　　你如果有過一段正面的經歷而且一直都記得，通常表示在這段經歷中，存在著你的其中一種核心價值。也許是你在工作中表現突出獲得認可；或許是你和團隊合作達到了非凡的成就；也或許是你觀察到別人做了某件事，引發你思考反省。這些透露了哪些你的細節？

請回想一下在你職業生涯或個人生活中富有意義的時刻，
描述一下那段經歷，並列出在那一刻所展現出來的價值觀：

如果你在自己的價值觀
受到考驗時並不堅持，
那就不是價值觀，而是嗜好。

——喬恩・史都華——
（喜劇演員、作家、
電視節目主持人）

當某件事情發生觸發了負面的情緒，如沮喪、憤怒、焦慮等，通常是表示你的價值觀遭到了踐踏。可能是你很信任某人，對方卻令你失望，也可能是你看到有人不計一切代價踩著其他同事往上爬；又或者是你停下來幫忙有需要的人，卻看到其他人視若無睹地走過去。這透露了你的哪些細節？

回想一下在你職業生涯或個人生活中經歷的負面情緒，

如沮喪、憤怒、焦慮。請描述一下那段經歷，

並列出你在那一刻違背或是感覺沒有展現出來的價值觀：

請仔細思考你對這些問題的回答，挑選出對你的存在真正不可或缺的價值觀，在做生活中的重大選擇（也就是答應或拒絕某些事情），都和這些價值觀息息相關。在這些意義非凡的時刻，一再出現的價值觀是什麼？

現在來創建你的個人價值觀聲明吧。這可以是一份簡單的價值觀清單，也可以書寫一些稍微比較私密、對你具有意義的事情。範例如下：

我重視的價值是品質、平等、誠實。交出高品質的工作成果讓我充滿活力，我總是努力交出符合我的高標準的工作成果，即使自己因此需要在其他方面妥協（比方說速度）。我在乎大家能不能受到平等、公平的對待，但也向來明白自己有時可能會偏袒某一方。我認為自己能夠誠實對待周遭的人，也能信任他們會對我誠實，這點很重要。假如他們做不到，我就得考慮我們可能不應該繼續往來。

> **個人價值觀聲明：**
> 描述生活中對你而言最重要的價值觀的一個句子或一段話。

你的個人價值觀聲明：

　　請花點時間思考這些價值觀，有需要的話，也可以隨時回來修改。這些是你的IDEA思維模式的基礎，應該要堅定而穩固。

練習二：發掘你的優勢

為什麼我們很多人會過著覺得「我不配」的生活，擔心自己會因為某件辦不到或者搞砸的事而被揭穿？

「特別關注錯誤和失敗」是我們的天性，從作業寫滿紅字發回來時就根深蒂固了。我當年的法文成績單上寫了一句委婉的意見：「猜得很合理。」我不認為這是句稱讚，儘管後來這變成一項非常強大的生活技能！生活中總是有人告訴我們哪裡做錯以及如何修正，人往往在指出別人的錯誤時覺得自己更有控制力。

- 「你需要更有條理。」
- 「我注意到你的簡報上有幾個錯誤。」
- 「你去上班時真的應該打扮一下。」
- 「你為什麼不多學學你的同事？」

我們大多數人都沒有好好花時間，告訴彼此什麼事情做得很好或者很擅長哪些事。正向心理學經常會被認為是「過於寬容」或「過度煽情」，然而天賦和優勢是我們的超能力，是我們最擅長、覺得最容易的，也是很快就能學會並且喜歡做的。為什麼我們不該讚揚？不該欣然接受？

- 「你很善於總結要點。」
- 「你做的分析很棒，現在很清楚我們下一步需要做什麼。」
- 「大家跟你相處過後就會覺得動力十足。」
- 「我很喜歡你處理那種情況的方式。」

　　現在想像一下，你童年花了很多時間心力學習吹長笛，而你也算是長笛奇才，吹奏起來宛如天籟。你去參加學校管弦樂隊的試奏，有人遞給你一把小提琴，然後嚴厲批評你拉得像在殺豬虐貓！把寶貴的生命都花在糾結自己的錯誤上，就像是彈錯了樂器。請放下小提琴，拿起長笛吧。你會比較快樂，其他人也會很感激。

　　你可以花一輩子的時間試圖修正錯誤，可以從表現不佳進步到平均水準，甚至相當好。然而假如那不是你的天賦，那麼無論花費多少時間和精力，要達到真正的卓越，過程會非常艱難。不如好好了解自己的天賦和優勢是什麼，然後調整人生方向，藉以充分發揮自己的天賦和優勢。這樣一來，你會發現事情容易多了，不只更能投入自己所做的事情，工作也會與你的價值觀更緊密地結合，你會達成更大的目標。

　　全球各地想要釋放出員工天生潛力的公司，都會採用分析諮詢公司蓋洛普克里夫頓優勢測驗的天賦評估，他們針對優勢和劣勢做了廣泛的研究，將劣勢定義為「任何妨礙你發揮優勢的東西」。他們相信沒有「補救劣勢」這回事，只有「設法控制」，而控制劣勢的方法就是運用你的優勢[2]。

天賦：是你天生擅長的事，很快就能學會並且樂在其中，只要投入時間與精力就能變成高超的技能。例如：你有音樂天賦，喜歡聆聽和演奏樂曲。

優勢：將時間與精力投注在你可能本來就有天賦的事情上，精通之後所獲得的結果。例如：你在啟發、激勵團隊方面經驗豐富，而且很有技巧，你的團隊認為你是個優秀的領袖和教練。

劣勢：是你不擅長，但在你選擇的生活中需要做得好的事情。例如：你不善於考試，但需要取得金融資格證明，事業才能有進展。你可以利用自己具有影響力的優勢，說服上司送你去上合適的課程，來設法控制這項劣勢。如果你在工作中不需要用到這項技能，那就別把它視為劣勢，只要想成是「不屬於你」的東西即可。

　　天賦與優勢是自我認同的核心。根據優勢來引導你的人生選擇，就像是選擇騎腳踏車下山般輕鬆愉快，而非辛苦踩踏板爬坡。當然，培養並非與生俱來卻對你工作有益的技能仍屬相當必要，比如說公開演講的技巧。你可能要考慮採取措施主動培養這類技能，尤其是如果這些劣勢領域會成為你生活或工作中的絆腳石的話。

藉由清楚了解自己天生表現出眾的領域，然後發揮那些優勢，就可以取得人生的勝利。在這項練習中，有兩個選項能提供助益。想獲得最嚴謹可靠的結果，我建議你完成蓋洛普克里夫頓三十四項優勢測驗，你可以在網路上購買（細節請見後文）。你也可以完成第80頁的替代練習，這練習將針對你的優勢提供較為簡單但仍然有用的意見。

完成克里夫頓三十四項優勢測驗

為了好好了解自身優勢，可以利用克里夫頓優勢的心理測驗評估。你不一定要做這個測驗才能發揮這本書的最大功效，不過它是很有用的工具。網路搜尋「蓋洛普克里夫頓三十四項優勢測驗」（CliftonStrengths®），你就會在蓋洛普網站上找到購買頁面，付款後會獲得一組密碼來完成這份選擇題測驗。

我是經過蓋洛普認證的優勢教練，利用克里夫頓優勢測驗輔導客戶多年。克里夫頓優勢測驗確認的幾種優勢包括：

- **行動（Activator®）**——你是會把想法化為行動的人。當其他人還停在嘴上說說，你已經開始著手了。別人浪費時間會讓你感到沮喪。
- **完美（Maximizer®）**——你擁有將已經很好的東西變得更完美的才能。這麼做比改善缺點更能激發你的熱情。
- **排難（Restorative®）**——你非常善於處理問題，先找出問題所在，再加以解決。你討厭忽視問題。

克里夫頓優勢測驗一共有三十四項不同的天賦主題，評估會按順序一一排列，然後提供針對你個人天賦的實用見解，以及如何運用天賦讓你的未來更成功、更有成就感。

在線上完成克里夫頓優勢評估，讀了報告後回答下面的問題。這裡提供填寫前三項優勢的空格，若是你覺得有幫助，可以照樣在另一張紙上寫下更多項的優勢。

發掘優勢的替代方法

如果你不想做克里夫頓優勢評估，也可以按照下面的簡單步驟，利用這些答案來填寫接下來的練習題，當成你的優勢基本指標。這個替代練習並非以蓋洛普廣泛的科學統計分析為基礎，但無論如何這是個簡單的工具，可以幫助你思考自己擅長的項目。

請看下列這些描述不同天賦特質的簡單詞彙，底下也有一些空格，可以添加任何你覺得缺少的東西。

創造新事物	改變現狀	幫助他人	分析資料
解決難題	指引方向	讓人開心	完成任務
講述故事	擬訂計畫	做決策	小心行事
讓大家 團結合作	修補損壞 的東西	善於學習	如期完成事務

現在回答下面的問題，並且請熟悉你的人花點時間告訴你他們的想法。請用最後一行的答案填寫下一道練習題。

	我的想法	同事的想法
在那些列出的行動中，我天生最擅長的三項行動是：		
我覺得自己比其他人更容易做好的三項行動是：		
我覺得最有樂趣的三項行動是：		
根據以上的答案，我的前三項優勢是：		

評估你的優勢

　　根據克里夫頓優勢評估或是上面的簡化練習，完成以下的練習，寫出你的前幾項優勢。

優勢一：

．．．

閱讀你的克里夫頓優勢測驗報告中有關這項優勢的描述，或者如果你完成了簡化練習，思考一下這項優勢的定義。在對於這項優勢的描述中有哪些詞彙特別能引起你的共鳴？

．．．

．．．

．．．

．．．

．．．

．．．

描述一段你充分利用這項優勢，並且引以為傲的經歷，
可以是單一事件，也可以是在日常生活中反覆出現的事：

....

....

....

....

....

將來你能採取什麼不同的做法，來更加充分利用這項優勢呢？

....

....

....

....

....

優勢二：

....

閱讀你的克里夫頓優勢測驗報告中有關這項優勢的描述，或者如
果你完成了簡化練習，思考一下這項優勢的定義。在對於這項優
勢的描述中有哪些詞彙特別能引起你的共鳴？

....

....

....

....

....

....

....

....

....

描述一段你充分利用這項優勢，並且引以為傲的經歷，
可以是單一事件，也可以是在日常生活中反覆出現的事：

將來你能採取什麼不同的做法，來更加充分利用這項優勢呢？

優勢三：

閱讀你的克里夫頓優勢測驗報告中有關這項優勢的描述，或者如果你完成了簡化練習，思考一下這項優勢的定義。在對於這項優勢的描述中有哪些詞彙特別能引起你的共鳴？

描述一段你充分利用這項優勢，並且引以為傲的經歷，
可以是單一事件，也可以是在日常生活中反覆出現的事：

將來你能採取什麼不同的做法，來更加充分利用這項優勢呢？

收集你表現最好時的回饋

我們很容易臆斷別人對自己的看法，尤其是在感覺面臨壓力或不知所措的時候，我們會開始相信那些想像中的事。和客戶交談時，他們經常告訴我「其實，那一次的討論過程比我預期的要來得好」或者「他們說了我很多好話」。陷在負面思想的漩渦中時，正面而有建設性的回饋有助於我們與實際情況重新接軌，但老實說，我們應該每天都給予和接受更多正面、建設性的回饋，這是我們學習成長的關鍵。

我們接下來會著重在清楚明確的回饋，以幫助你了解、開始發揮自己的優勢，這反過來也有助於你得到清晰的自我認同。通常人會將回饋等同於「強調需要改進的地方」，不過我們會聚焦在正向的方面。

> 回饋是學習的關鍵。
> 沒有回饋，
> 幾乎不可能學到任何東西。
>
> ──史蒂文・李維特──
> （經濟學家）

聚焦在優勢的回饋：這些想法和意見可以幫助你深思並且建立起自己的優勢，而不是執著在補救你的劣勢。

我和蜜德芮還是舞者的時候，回饋對我們來說極為重要。在視覺性的藝術形式中，「你自己」的感受和「你給別人」的感覺之間可能有很大的差距。回饋會以很多種形式出現，像我們有時候會拿到表演的錄影，或是現場觀眾的直接回饋。有時候要等比賽結束後過幾天、甚至幾周後才收到回饋。很有趣的一點是，我們表演中最令人難忘的部分，總能透露我們在哪些方面最有感染力。

舞蹈教練大衛教導我的一個重要人生教訓是：「留神聽他們看到了什麼，而不是聽他們認為你應該採取什麼不同的做法。如果他們說『你應該多向右傾斜一些』，那麼你應該想『他們看到了我的姿勢有問題』，因為他們可能不會用『你的姿勢有問題』這種措辭。然後仔細查看影片找出問題。有時候他們是很有眼力的，只是因為不認識你也不了解你在做什麼，可能無法提供你如何改善的好建議。」

這是很棒的見解，我輔導客戶的時候經常會回想起來。你必須仔細傾聽這些回饋的弦外之音，以便從中汲取有用的意見，然後自己決定要怎麼做。記住，聽了回饋後選擇不做任何改變也完全沒有問題，因為要對自己的決定和其後果負責的人是你。

自從退出舞蹈界後，我多次在企業工作生涯中遇到別人告訴我，他們認為我應該怎麼做事業才會更成功，或者獲得升遷的機會。我經常提出同事不想聽的建議，因為聽了建議就代表要接受必須做出重大改變的事實，而且我不會粉飾我覺得需要說的話。大家告訴我要妥協、保持沉默、把眼光放遠。有時我接受建議，有時則是在深思後選擇了不同的道路。最終，這是我的決定，要承擔後果的是我，我從不後悔保持本真。

＊　＊　＊

　　請利用下面的問卷，找至少三個人提出關於你的優勢的回饋，這樣才有不同的意見可以參酌。我建議挑選對你很熟悉的人，不一定非得是同事，可以考慮找下列的人選：

- 在過去兩、三年內至少有六個月的時間，有機會在工作環境中密切觀察你的作風和方法的人。他們可以是比你資深、資淺或者同層級的人，但不一定是你的直屬上司或下屬，他們會看到你和不同層級的人如何共事。
- 曾經見過你處於正面情況和困難情況中的人。
- 誠實可靠、準備給你全面公正的觀點、不怕告訴你他們的真實想法的人。

　　取得他人的回覆可能需要好幾天的時間。請記住你的目標是在七天內完成本周的練習，先開始著手本周的步驟，倘若他們回覆的時間稍晚，之後再來整理回饋也無妨。

個人回饋問卷

我最得心應手的活動

1. 你認為我本能地對什麼活動感興趣？
2. 你認為我特別喜歡什麼活動？
3. 我看起來可以輕易學會的活動是什麼？
4. 我表現得特別出色的活動是什麼？
5. 我可以完全沉迷其中的活動是什麼？

我工作時的情況

1. 請描述我工作時表現最佳的一次情況。

2. 和我一起共事的人會用什麼詞彙來形容我？

3. 我能讓共事的人發揮出最好的一面嗎？用什麼方法？

4. 你覺得我對工作的看法如何？你的理由是什麼？

5. 你認為我能帶給別人好的影響嗎？你的理由是什麼？

我的幹勁

1. 你認為我工作時的幹勁等級有多少？

2. 你覺得我有強烈的目的感嗎？你會怎麼描述？

3. 我是個善於傾聽的人嗎？你的理由是什麼？

4. 什麼事情會觸發我的壓力？我處理得好不好？

5. 你會建議我今天開始做哪一件我沒做的事？

請對方用書面的形式寫下回饋，這會促使他們充分思考並提出具體的答案。你也可以和他們通電話或打視訊電話（也許詢問一下是否可以錄起來），或者邊喝咖啡邊聊。如果你後續收到其他口頭的回饋或說明，那就在他們寫下的意見上添加注解，記錄下所有的回饋以便將來參考。

反思回饋的意見

等收到回饋後，請你思考以下的問題並做些筆記。

> **有沒有出現符合你預期的意見？**

> **有沒有出現出乎你意料之外的意見？**
> **如果有的話是什麼？為什麼會驚訝？**

有不同的人給出完全相反的意見嗎？你認為這說明了什麼？

這些回饋中，有沒有出現你認為自己該深思的共同課題？

有沒有你想再回去澄清或進一步討論的意見？

練習三：排出你關注事項的優先順序

賈伯斯說：「別試圖每樣事情都做，做好一件事情就好。」當我們開始要決定「方向」——從本質上來說是長期計畫及有效決策的基礎——專注是非常珍貴的技能之一。覺得生活失控，通常表示我們失去了焦點。下面這些話是否感覺很熟悉？

● 「有一大堆事情同時在進行。」
● 「我忙翻了，可是感覺好像沒什麼進展。」
● 「我只見樹不見林。」

在這項練習中，你要確認自己職業生涯專注的領域並排出優先順序。想想80／20法則，也就是百分之八十的收益來自於百分之二十你投入的工作。

你希望發生什麼事？你需要改變什麼？

> 大多數人都不知道，當我們將所有資源集中在精通生活中的單一領域時，我們可以立即掌控龐大的能力。
>
> ——東尼・羅賓斯——
> （生活與企業指導教練）

> 需求：是你需要達到的結果或是需要改變的東西。需求可能是你需要「擁有」的東西，或者需要「去做」或「停止做下去」的事情；也可能是你需要「更多」或是「更少」的東西。

利用IDEA思維模式為基礎，把需求想成是目前正在影響你工作生涯的品質、需要解決方案的問題。

這裡有一些例子讓你知道需求的說法是：

- 我**需要**周末關機多休息。
- 我**需要**工作時更堅定自信。
- 我**需要**好好平衡工作與生活。
- 我**需要**整理長長的待辦清單。
- 我**需要**提升理財技能。
- 我**需要**減輕大型會議前的壓力。
- 我**需要**在做簡報時更有自信。
- 我**需要**讓日常生活更加規律。

請拿一張廢紙，接著重讀一遍到目前為止你在過程中所做的筆記和評注。記住你選擇踏上這趟旅程的原因。想想你需要培養什麼或者改變什麼，然後閱讀上面列出的需求例子。再想想你是否與這些例子有共鳴，或者是有不同的需求。

現在按照上面的例子，用完整的句子寫下你工作生涯中最重要的十項需求，在這個階段先不用擔心順序問題。

你工作生涯中最重要的需求：

1. 我需要
....

2. 我需要
....

3. 我需要
....

4. 我需要
....

5. 我需要
....

6. 我需要
....

7. 我需要
....

8. 我需要
....

9. 我需要
....

10. 我需要
....

....

....

....

....

接下來你要做出決定，確定自己想要專注在符合哪些需求上，可以只選一項，兩、三項也行，但是最好不要超過六、七項。為了幫助你找出哪項需求最重要，請試試看使用下面的需求黃金螺旋。利用你列出的十項需求，將每項需求寫在下面的各個區塊上。最重要的需求應該填進最大的區塊，第二重要的應該放入第二大的區塊，以此類推。

　　你會自然而然發現，自己不得不做出困難的選擇。螺旋裡無法容納所有的需求，你必須選擇要專注在哪幾項。

需求黃金螺旋

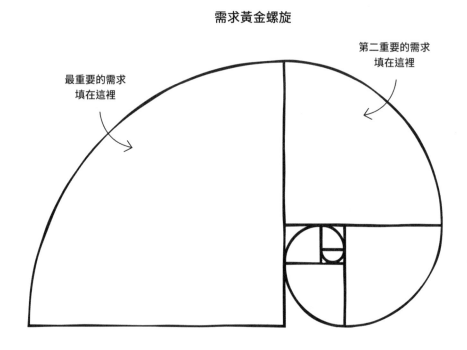

第二重要的需求
填在這裡

最重要的需求
填在這裡

「其他」清單

如果有任何你仍然覺得很重要卻放不進需求黃金螺旋的需求，請隨意寫在下面。如果下一段落可以保持空白，就幫你自己額外加一分吧！

在工作生涯中你無法忍受需求黃金螺旋遺漏掉的需求：
....
....
....
....
....

做得很好！有了需求黃金螺旋，接下來幾周，你應該會很清楚自己的需求，知道該集中精神把時間和精力花在什麼地方。這會幫助你做好準備確定方向。

你可以拍張需求黃金螺旋的照片釘在牆上，或者設定為電腦的桌面背景，當成提醒。

得力行動一：開始寫反思日記

得力行動是每一周結束時的標靶練習。這不再只是規劃了，而是採取行動，讓你更接近理想的工作安排方式。完成得力行動後所獲得的成就感會加速你的旅程。

這本書是幫助你找到IDEA思維模式的指南針，但是並不能告訴你完美的工作生涯是什麼模樣。

為什麼不行？因為所有答案都在你心裡。

請好好思考一下這句話：**所有答案都在你心裡。**

我們只需要去找出答案，而這需要自我反思。反思日記是讓你在旅程中記下自己的想法或感受的方法。想法轉瞬即逝。寫日記有助於你捕捉到自己一點一滴的寶貴見解，讓你能夠回顧看看自己在幾周內如何改變、成長、進步，並且在這過程中培養自覺的能力。

開始寫反思日記，你只需要書寫的紙筆。不用筆記型電腦，也不用手機或其他3C產品——你應該遠離一切干擾，就只有你和你自己的想法。

你可能會想寫：

- 你在這段過程最開始的感受。
- 你開始做練習時的想法。
- 發生了哪些你意想不到的事。
- 你自問的有趣問題。
- 你開始找到的新思路與方向。
- 在工作時你產生與以往反應不同的情況。

- 你與同事之間不同於以往的談話。
- 你做完練習後的感受。
- 你會想要回顧的想法。

只要開始這項得利行動，請試著每天都在日記中寫點東西。隨著這六周課程的推進，可以隨意寫下對你有幫助的事，分量是多是少無所謂。但是千萬不要等待，馬上就開始。

得力行動二： 讓進步成為每日的習慣

這項得利行動是將個人改變的根本行動轉變成習慣。習慣是一種很難捨棄的常態性做法。你要讓邁向完美工作生涯的進步成為習慣，這會幫助你即使在失去焦點或者感到氣餒時仍然維持動力。每個人都有難過的時候，好的習慣會幫助你度過這樣的日子。

在這裡，我們要確定一件你將要當成新習慣的事。想想從發掘你的優勢練習（見75頁）中所得知你最強的優勢，以及在需求黃金螺旋（見98頁）中你排列出的第一優先事項。你能不能想出一種方法，將這兩者融合成一種超級有效的習慣，以優勢來滿足職業生涯的需求呢？或者也許你想要用目前的需求或是優勢來養成一種習慣。

這裡列舉一些可以幫助你滿足需求或是利用優勢的習慣例子：

- 吃早餐時擬訂當天的計畫，著重在需要優先處理的前三件事情上，好讓你清楚自己該專注的焦點。
- 在日程表中規劃出固定的時間來培養對你工作有助益的技能。

● 先做你最不喜歡的活動，解決掉以後你就能享受一天剩餘的
時間。

你想要當成目標的優勢以及／或者需求是什麼？

你正在致力於養成哪種新習慣？

第一周：了解自己──反思

在第一周裡，你一直集中精神在建立自我認同，並且逐步發展一些將會為你的生涯方向奠定基礎的初步想法。

你對自己有什麼新的認識嗎？你是否覺得更清楚自己是什麼樣的人，該如何展現出自己最好的一面，以及在這趟旅程中想要達到什麼目標？

你在本周所做的思考及作業可以隨著課程的進展逐漸演變。假如你發現原本的需求不再適用了，那就改變你的需求。如果日常習慣不適合你，那就稍加調整。倘若發現遺漏了某樣重要的東西，那就重新審視你的價值觀。你的工作、看法、目標並非一成不變。

千里之行，始於足下。

──老子──

欣然接受不確定的事物。
生命中有些美好的篇章要到
很久以後才會有標題。

──鮑伯‧戈夫──
（勵志演說家）

你的IDEA思維模式：自我反思

每周結束時，你要為自己評分，與當周剛開始時比較，看看你在IDEA思維模式的每項要素上進步了多少。請記住這些要素的定義：

自我認同──清楚你是什麼樣的人、你主張什麼、你重視什麼問

題。知道你的優勢和你擅長的工作是什麼，以及別人對你的看法和這些看法是否與你對自己的評價一致。這是一種自信，也是內心指南針。

方向──明確知道前方的道路、你長期的生涯目標是什麼，當面臨抉擇時知道你該走哪條路。在通往完美職業生涯的道路上不斷前進。對自己所做的決定感到滿意。

參與──你對生活及工作投入的程度。你對接下來的一天懷抱多少熱情，在一天結束時有多少成就感。你對未來可能的職業生涯機會感到興奮。或許能夠看到通往你喜歡的工作的道路。

本真──清楚地知道你的行為及工作時的選擇與你的價值觀和人生目的連結在一起。你的情感與生活及工作連結的程度。你的熱情所在。你很清楚自己為什麼做目前所做的工作，或者如果不清楚，那麼你正要開始打造一條通往本真的未來職業生涯的道路。

如果透過本周完成的作業，你認為自己已經在一項或多項的IDEA思維模式要素上有進步，那就在下面圖表中合適的方格內畫個加號。如果覺得自己進步很多，那就畫不只一個加號。想想你在工作時的感受以及與朋友同事之間的談話，你認為自己的思維模式有在改變嗎？

範例：

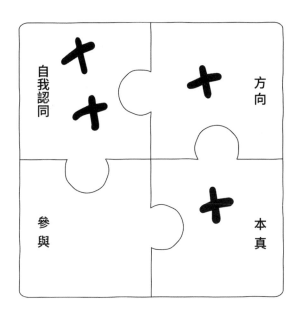

你的狀況：

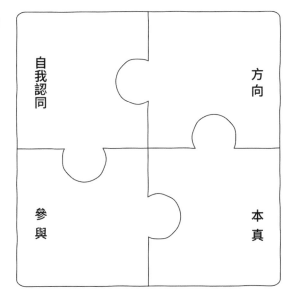

呼！就到這裡了。好好休息，準備迎接第二周。

重點想法：放鬆一下，享受這趟旅程。給自己一點時間成長。你值得花這些時間。

WEEK **2**

設定航向

SET
THE COURSE

你在第一周已經建立了堅固的基礎，探究了自我認同的各項要素，開始專注於自己的方向。現在該從你所能看到、既有的東西開始，進一步培養**方向感**，這反過來又會讓你在未來更有**參與**感也更能保持**本真**。

這個星期，你要想像理想的未來，勾勒出未來的模樣——那就是你的願景。你要想想是什麼驅使自己早上願意起床，讓你感到滿足——那就是你的目的。最後，你要思考你實際需要做些什麼事來實現這一切——那些就是你的目標。你的願景、目的、目標將成為你的行動計畫的定位點，之後我們會詳細制訂你的行動計畫。

想像你正在蓋一間房子。在繪製平面圖之前，你會問自己一些重要的問題：我喜歡什麼風格的房子？我想要多少空間？多少個房間？我要在房子裡做什麼事——工作？煮飯？需要方便兒童使用嗎？

你可以想像自己在屋子裡，早上起床準備好出門，或者晚上回家與家人共度時光。想想看在這空間生活的情況有助於你設計規劃房子。

弄清楚自己想要怎麼樣的工作生涯以及如何達成目標有點像是蓋房子。

這似乎很容易，但事實並非如此。當然，有些人從小就規劃好自己的房子，但是同樣有很多人（包括我在內）得花大量的時間來找出自己想要什麼樣的房子。這沒有正確答案，只有適合你的答案。回想一下第34頁那些在職業生涯後期才發現自己真正天職的例子吧。

人一生中最重要的兩個日子，一是出生那天，一是明白自己存在意義的那天。

——馬克・吐溫——

本周你要完成三項練習。

我們將從**定義你的願景**（見111頁）開始。這是畫出宏大的藍圖——你未來的工作生涯及夢想的職業，也就是你的目的地。一旦完全按照你想要的方式做心目中完美的工作，你每天的生活將會是什麼樣子？

接著我們要繼續**定義你的目的**（見117頁）。每天驅使你早上起床的是什麼？你對什麼東西充滿熱情？什麼東西可以激勵你？

最後，我們要**設定你的目標**（見122頁）。目標是建構願景的具體、現實的組成部分。從本質上來說，就是當你實現職業生涯的願景時將會達成的目的。

最後和上周一樣，我們將會用得力行動來結束這一周，這些標靶練習有助於加速你的旅程。本周的兩項得力行動是：

1. 分享你的願景和目的（見131頁）
2. 騰出時間思考（見132頁）

------- ♪ 本周配樂 ♫ -------

這周的配樂主題是有關欣然接受自己的獨特，找到自己的目的。

在開始本周的閱讀與練習前，播放這首曲子幫助你進入狀態：柏蒂的〈人人幫助人人〉（People Help the People）。這是柏蒂在青澀的十五歲時，所翻唱的鼓舞人心的歌曲，歌詞闡述世人需要互相幫助。

當你在閱讀、思考、書寫的時候，請將揚·提爾森的〈另一個

夏天的童謠〉當背景音樂重複播放。你會認出這是電影《艾蜜莉的異想世界》的主題曲，片中奧黛莉‧朵杜飾演一位害羞的巴黎服務生，她以討人喜歡的古怪方式改變周遭人的生活，把這當成是自己的使命。

在你做完練習時請播放莎拉‧芭瑞黎絲的〈勇敢〉，慶祝自己完成本周任務，這首歌也能提供你邁向下一步驟所需的令人振奮的能量。本歌的創作靈感來自於親密好友的出櫃，這首二〇一三年振奮人心的曲子讚美我們做真實的自己、坦誠說話。

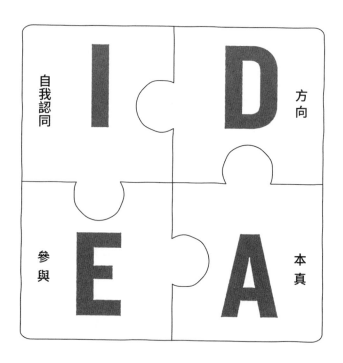

練習一：定義你的願景

「願景」是關於你完美工作生涯，一段簡單、鼓舞人心的表述，會給予你動力和方向。沒有願景，你就像顆彈珠，在彈珠臺上到處亂撞。你有可能累積得分，但是幾乎無法控制。願景是你整個計畫的定位點，因此值得花點時間弄清楚。你所做的一切都應該朝向自己的願景邁進，或者至少不要偏離。

你的願景不需要完美成形或是對焦準確，可是你對自己最後想要達到的目標有些概念的話，將有助於做些短期的決定。

有時候，願景會讓你跨出自己的舒適圈。可能是辭掉工作自行創業，也可能是把自己放在引人注目的位置，這樣一來你的成功和優勢會更為明顯，但是話又說回來，你的劣勢和失敗也會顯而易見。抑或是接受大幅度的減薪以換取壓力較小的職位，來改善工作與生活之間的平衡。對未知感到害怕是正常的。但是如同暢銷作家蘇珊·傑佛斯所說，你必須感受恐懼、放膽去做，否則一切都不會改變。

一九九八年，里奇、亞當和約翰這三位好友在度假時閒聊，萌生了一起創業的想法。他們決定製作一些冰沙，於是購買了價值五百英鎊的水果，在倫敦西南部帕森綠地舉行的綠地爵士音樂節上販賣。

他們掛了張看板寫著：「我們應該放棄現在的工作，投入冰沙製作

你注定要成為的人
就是你決定要成為的那個人。

——愛默生——
（散文家及哲學家）

嗎？」同時在攤位前面擺了兩個垃圾箱，一個貼著「是」的標籤，另一個貼著「否」。那天結束時，「是」的垃圾箱裡有更多的空瓶，於是他們辭去工作，開始以製作冰沙為生，「純真飲料」這個品牌就此誕生。十年後，他們將公司的少數股權以三千萬英鎊的價格賣給可口可樂公司。

純真飲料的創辦人放棄了當年成功的職業生涯，將賭注押在冰沙上面。但這符合三人一起創業的願景，最後他們的辛勞獲得了回報。

我們也開始思考如何定義你的願景吧。想想你為什麼購買這本書，為何開始這趟旅程。還記得你在第二章〈邁出第一步〉的末尾寫了一些筆記嗎？你夢想的工作是什麼？又想要從這段課程中獲得什麼？

> **IDEA 思維模式**　沒有比現在更好的時機去追隨你真正的天職了

首先，我們先在願景聲明中勾勒出一些初步想法。為了讓願景聲明容易記住而且有效，內容應該盡量簡短、簡單、精確。假如你重讀一遍，認為這份聲明可以描述任何人的夢幻工作生涯，那就稍微修改一下，寫得更具體、對你自己更有意義一些。最後，願景聲明應該雄心勃勃、令人興奮而且是可以實現的。就是這麼單純！

你的願景聲明（初步想法）：

　　現在你已經將一些初步想法寫在紙上，那我們就來探究一些選項，幫助你想出未來工作生涯的具體細節。

　　在下面的表格中，勾選你覺得符合自己目前情況的方格。倘若沒有一個選項符合你的目標，那就在旁邊空白處寫下一些想法，更準確地反映出你想達到的目標。

	通常如此	無所謂	通常如此	
我從來不想停止工作				我想要早點退休
我想做全職工作				我想做兼職工作
我想要發大財				即使只是勉強度日我還是很滿足
我想要成名				我不想要出名
我想要擁有權力				我不把權力當成個人奮鬥的目標
我想要擁有影響力				我的所作所為不是為了影響他人
我想在所做的事情上成為全國甚至全世界做得最好的人				只要人家認為我擅長自己所做的事我就滿足了
我把幸福當成目標				我不認為幸福本身就是目標，而是其他目標的結果
我重視金錢勝過幸福				我重視幸福勝過金錢
我重視金錢勝過權力				我重視權力勝過金錢
我重視權力勝過幸福				我重視幸福勝過權力
我重視家庭的滿足勝過工作上的滿足				我重視工作上的滿足勝過家庭的滿足

	通常如此	無所謂	通常如此	
我想要受到眾人注目				我想要待在幕後
我想去旅行				我不在乎旅行
我想要每晚見到伴侶或家人				我很高興能經常出差
我想要成就一番大事業				我不在乎目標的大小，就算只影響到一個人，對我來說也足夠了
我喜歡富有創意				我不在乎是否有創意
我希望能遺愛人間				我不在乎是否遺愛人間
我只想要有一份工作				我想要同時進行很多不同的事
我想要當個專家				我想要對很多不同的事物都略知一二
我想要管理很多人				我不想要管理團隊
我想要留在目前工作的領域				我想要從事截然不同的工作
我預計要投入大量的時間、精力，或金錢才能達成目標				我已經付出夠多了，現在我期待投入的一切能夠得到回報

這項練習是否有助於你了解在未來工作生涯中，自己看重的是什麼？有什麼是你之前沒考慮過的嗎？現在我們來琢磨一下你的生涯願景聲明。回答了這些問題後，你有什麼想要補充或刪除的嗎？想像一下向別人傳達你的願景會是什麼感覺，你的願景夠清楚、容易解釋嗎？

你的願景聲明（最終版本）：
....
....
....
....
....
....
....
....
....

練習二：定義你的目的

「目的」是你起床的動力，往往與你認為自己的工作所擁有，或者希望擁有的廣泛正面社會影響力有關，是你每天改善的事物。

例如，可能是幫助大眾活得更長壽、更快樂，或是獲得他們原本難以得到的商品、服務、治療或建議，從而促進社會平等。也可能是與人建立良好關係，或是為後代子孫保護地球。你的目的也可能是更專注在自己當前的工作環境——提出創新的想法，幫助團隊成長、進步，或是為顧客提供美好的經驗。

無論採取什麼形式，目的都和對自己所做的事有「參與感」，或者是否保持「本真」有關。如果一個人對自己的工作漠不關心，或是對同事感到灰心，問題往往出在他們花時間所做的事與他們的目的並不一致。

我姑婆是新生兒病房的清潔人員，人家問起她靠什麼工作為生時，她會說：「我照顧嬰兒。」她維持環境清潔、不受汙染，而且她每次插上吸塵器的電源時都非常小心，確保不會意外拔掉早產兒保溫箱的插頭。她認為自己的任務是幫助新生兒在乾淨安全的環境中逐漸茁壯。

而在《如何讓船前進得更快？》一書中，作者班‧韓特－戴維斯與哈莉特‧貝弗里奇深入剖析了奧運賽艇選手的心態，以及簡單的日常任務如何轉化為達成大膽的成績目標。以班的情況來說，是在二〇〇〇年的雪梨奧運會上奪得金牌。這是激勵人心的願景、目的、目標至關重要的絕佳範例。贏得奧運金牌的願景與運動員個人及整個團隊的明確目的密不可分，也就是充分發揮他們的潛力，測試人類能力的極限，並且激勵其他人也這麼做。那目標呢？就是讓

船前進得更快。

你的目的是什麼？你每天的動力是什麼？請在下面的目的聲明中寫下你的初步想法。

你描述目的的方式應該簡單明瞭、振奮人心。想想看，當別人問起你靠什麼工作為生時你想要怎麼回答。想一想，當談起你未來工作生涯的各方面時，什麼事情會讓你露出笑容。什麼部分能夠帶給你快樂？為什麼？

IDEA 思維模式

沒有人能夠告訴你你的主張是什麼，也沒有人能夠定義你的目的。

你的目的聲明（初步想法）：

....

....

....

....

....

現在回答下面的問題來改進你的想法。思考一下你在哪方面表現得最好。

舉例說明你如何在工作中運用自己的優勢：

舉出近期工作上成功的例子：

舉例說明你在工作中能夠發揮作用的方法：

列出三位在工作中激勵你的人並說明理由：

現在，深思這些想法，重新在下面清楚表述你的目的聲明。

你的目的聲明（最終版本）：

....

....

....

....

....

練習三：設定你的目標

現在我們要開始思考更多的細節：用具體、現實生活的措辭來描述你對工作生涯的願景。

為什麼不立即制訂行動計畫？

大家經常一想到自己宏大的生涯願景就興奮不已，立刻開始擬訂行動

設定目標是將無形化為有形的第一步。

——東尼・羅賓斯——

計畫。這麼做確實也是可行的，但是中途會有絆倒的風險，因為願景的宏觀性質與行動計畫強調細節的性質相抗衡。目標則是跨越兩者之間鴻溝的橋梁。以這種方法明瞭你的方向，將有助於培養的參與感，並且保持本真。

讓我們回到蓋房子的比喻吧。

願景是什麼？那是你夢想中的家。你的需求是什麼？或許在你的夢想中，可以從廚房窗戶望出去，看著在花園裡玩耍的孩子。又或許你需要可以在家工作不受干擾的空間。這些需求只是你的願景的兩項組成部分，也就是你的目標。

在這種情況下的行動計畫是什麼？首先，不管有沒有可以望見花園的窗戶，在建造任何類型的住宅時，都有各種基礎工程需要完成，例如你需要考慮管線系統、暖氣設備及隔熱等等。

接著你要進入細節的步驟，這些步驟會共同制訂出你夢想中的家的具體目標，比方說，你需要確保廚房至少有一面牆與花園平行。

你可能設定目標，要在閣樓有間舒適的工作小窩，遠離房子其他嘈雜之處。你用谷歌搜尋「居家辦公室」，研究一些選項，然後制訂出完善詳盡的「居家辦公室行動計畫」，說明你的需求及滿足需求的方法。

想想建造夢想中的家所需要的成千上百的個別步驟。你能看出假如沒有目標的框架來指引，你的行動計畫可能變得非常複雜而且有點失控嗎？你很容易忘記一些事後發現對你的願景來說不可或缺的東西。

目標是將你的生涯願景分解成可控制的細微目的。

如何書寫目標

在你開始寫下自己的目標之前，先看看下面指引你如何書寫的例子：

範例一──簡單版：

- 我的願景是創立自己的私人訓練事業。
- 我的目標是：
  - ·成為合格的私人教練
  - ·成為優秀的業務經理
  - ·回饋給我事業所在地的當地社區

範例二──具體版

- 我的願景是回到兼職工作，多花一點時間陪伴家人
- 我的目標是：
  - ·每周工作三天半到四天
  - ·全年總收入達到五萬英鎊
  - ·每年全家度兩次為期一星期的假
  - ·每晚哄孩子入睡
  - ·一星期與家人共進六天的晚餐，做兩次晚餐
  - ·每周有一天在家上班

請記住，在這階段你還沒有寫行動計畫。你的目標應該是構成願景的細微目的，各自代表了一個目的地，但不是你用來達到那裡的方法。例如：「擁有潔淨的廚房」是目標，「洗碗盤」則是行動。一

旦達成所有的目標，你的願景就會實現了。

　　再請記住，目標一旦最終確定後，即使為了實現目標所需要執行的具體行動（也就是你的行動計畫）需要根據情況有所改變，你的目標也應該維持不變。

　　這裡舉一些目標的例子供你思考：

● 領導一個三人團隊。

● 被可靠機構認證為自己所選擇領域裡的專家。

● 重新享受周末。

● 樂趣加倍，壓力減半。

● 從事能夠留下社會益處的工作。

● 把自己的點子投入市場中，銷售額達到第一個十萬英鎊。

來設定目標吧！

　　在下面的表格中，寫下一些你認為可以當成部分目標的詞彙。現在先不用擔心要怎麼把這些組成完整的句子，重要的是找到合適的詞彙表達出你腦中的想法。假如空間不夠，就在另一張紙繼續寫下去。

詞彙	為什麼重要

現在，我們要將這份清單轉換成一套簡短而聚焦的目標。

請將上面清單中的詞彙分別寫在紙片或便利貼上，一張只要寫一個詞彙就好，然後將可以自然組合、搭配的詞彙聚集在一起。

在下面的範例中，這六組詞彙總共分成三個群組，每一群組代表一個特定的主題。

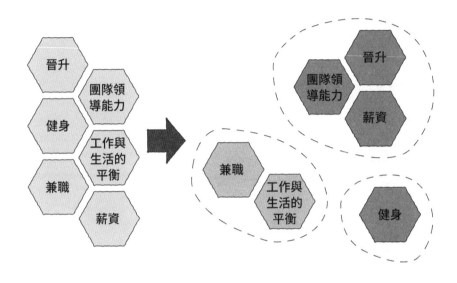

從這些詞彙的群組當中，我們就可以建構出目標。以這個範例來說，你的目標可能是：

1. 做兼職工作，保持工作與生活良好的平衡。

2. 在更重要的任務中領導團隊，賺取更高的薪水。

3. 健身。

等確認設定的目標正確後，接著請思考你要用來描述每個目標的具體說法。目標請盡量簡短聚焦，你要抗拒使用一大堆詞彙來描述的誘惑。

做完以後，將你的目標寫在下面的表格中。

	目標
目標一	
目標二	
目標三	
目標四	
目標五	
目標六	

現在考慮一下目標的順序，你的排序應該遵循一定的邏輯，例如：

- **優先順序**——目標一是你最重要的專注領域。
- **相關性**——你必須達成目標一才能實現目標二。
- **故事**——你最想讓人家知道的事就是目標一。

你應該設定多少目標？

這沒有硬性規定，不過三個目標可能太少，七個可能太多。假如你有六個以上，看看是否能夠將兩個合併成一個。

倘若你的目標過多，感覺會有點像是一張冗長的清單，而不是專注計畫的基礎。以目標清單來說，比起經常要在不同優先事項之間切換、內容冗長又複雜，能夠讓我們在每個目標上花費優質時間、簡短又聚焦的版本會來得更好。

按照你覺得最合乎邏輯的順序，將調整過的目標重寫在這裡。

	目標
目標一	
目標二	
目標三	
目標四	
目標五	
目標六	

用絕對準確的言詞表達目標或許很困難，但是非常值得投入時間，因為「目標」正是你即將要在職業生涯與生活中所做改變的框架。目標一旦設定好，其他事情變得明朗起來的機率便大幅提升。

沒有目的和方向，
光靠努力和勇氣是不夠的。

——約翰・甘迺迪——

得力行動一：分享你的願景和目的

找兩、三位你信任而且很了解你的人，可能是家人、好友或可靠的同事。找一天當你放鬆下來，沒有被壓垮或過度勞累的時候，花點時間和他們在一起，談談你正在經歷的這段旅程以及你對此的感受，解釋你的生涯願景和目的，詳細說明你覺得它們很重要的原因。請他們聽完這段話之後的看法，然後收集他們說出的詞彙，寫在這裡。

對於你的願景及目的的回饋：
....
....
....
....

在和其他人談過以後，請在反思日記（見100頁）上寫下你的想法。分享你的願景和目的感覺如何？聽到回饋有什麼感受？這對你思考下一步的計畫有什麼影響嗎？

得力行動二：騰出時間思考

我們的課程仍在初期階段，你可能還在努力適應這些日常生活之外的額外作業。儘管你想好好地做，但是很可能一個星期過去，發現沒有完成所有需要做的事。遺憾的是，人生不會好心多給你一點時間來寫反思日記。

所以你需要得力行動來為自己騰出時間，然後利用那段時間來做些需要做的事，以達成你的目標、實現夢想的職業生涯。我有許多客戶認為採用IDEA思維模式之後，感覺自己像是擁有更多的時間。擺脫自我懷疑及後悔，代表你有更多的時間思考未來想要如何度過。

從下面三個選項中選出一或多個最適合你的選項，或者何不乾脆三個全都試一試？你能奪回的時間將會令你大為驚訝。

行動A：製作每日待辦事項清單

這招是給那些因為日常生活毫無條理而沒有空閒的人。你只是應付發生的事情，而不是事先計畫好。你會感覺好像快要溺死，因為新任務堆積的速度比處理的速度來得快。當正在處理的事情已經搞得你手忙腳亂時，幾乎不可能再增添任何新的事務。

早上起床後坐著喝咖啡時，請拿張紙寫下今天必須做的事項。如果今天不一定要做就別寫在清單上。然後把這張紙放進口袋，這一天當中每劃掉一個事項，就好好給你自己來點小慶祝。製作待辦事項

清單可以輕易讓你集中精神並且充滿動力，因為你不會花太多時間在原地打轉，不知道接下來該做什麼，或者處理一些不重要的任務。這表示你完成事情的速度會加快。

行動B：委託他人

很多事情只能由你親自做，但是想想看是否有一兩項任務、工作或雜務可以委託給別人。也許是工作上的任務，可以交給資淺的團隊成員，讓他們有成長練習的機會。或許你能夠請家人多多協助一些家務，以便你騰出一些空檔。長久以來，我們往往堅持要親自完成任務，不願放手。但是在這段時間我們無法自由做其他的事，而其他的事可能更重要、更有價值，更特別仰賴我們的技能——比如說規劃自己的完美工作生涯，這點只有你自己辦得到。

在生活中找出至少一件，最好是兩件，可以交託給別人的事、可以委託給團隊成員的工作任務、可以請伴侶幫忙的家務事。今天就付諸行動吧，騰出一些時間。

你保證將（任務）＿＿＿＿＿＿＿委託給（姓名）＿＿＿＿＿＿＿

行動C：停止一項活動

我們通常是很擅長開始的物種，也很善於持續做下去，但是不大懂得放手，不喜歡中斷事情。「儘管歷經多年的失敗，但我不想中止我的計畫，以防萬一下周終於會取得好結果。」「我不想停止舉行那場大型會議，雖然會議內容不是很有價值，但是會讓人有參與感。」

讓我們想像一下，假設你想要把新鞋子收進櫥櫃，但是櫃子裡已經塞滿了破爛的舊鞋。每次你想把一雙新鞋放進櫃子，都得拿出一雙破舊的鞋子，否則有可能在試著把新鞋塞進角落時把新鞋弄壞。

這就是為什麼中止事情很重要：你需要騰出空間來做新的事。

> **IDEA 思維模式**　我們通常擅長開始而不善於停止。學著放開那些最令你沮喪或是拖慢你腳步的事情。

你可以用三種方法停止做某些事情（或者減少花在上面的時間）：

1. 你可以根本不做那項工作。你周五送出的那份報告沒有人看？那就別寫了。根據網路開支（Webexpenses）在二〇一九年的調查發現，一般員工每天要花兩小時在毫無意義的任務上，包括行政作業、手寫的文書工作、空洞的會議。[3]

2. 你可以減少做某件工作時需要的工作量。例如報告寫得精簡

一點，或者改成每兩星期或每個月發送一次報告，而不是每周一次——但是前提是有人會讀你才寫。你常常因為冰箱裡少了什麼，隔天就去一趟超市嗎？事先計畫好就可以減少購物的頻率。

3. 你可以不要參與談話。如果你不需要參加會議，就把自己從邀請名單中移除。或者如果你只需要參加部分的會議，那就提前告訴會議主席你只參加相關的部分。和你的伴侶達成協議，在哪些事情上你們各自都可以在沒有對方明確同意的情況下，就做出決定。只要設定好界限就能更快做好決定，在「家庭事務委員會」上少花點時間。

從上述這些事情中找到一件，最好是兩件，可以停止做的事情，方便你騰出大量的時間。

你打算停止……

> **這樣做為什麼能幫你騰出較多的時間？**
>
> ....
>
> ....
>
> ....
>
> ....

　　順帶一提，如果你只在這裡寫寫，實際上並沒有停止做那件事，那你只是在做另一件毫無意義的任務！

　　無論是單獨或是一起實行，行動A、B、C將會幫助你騰出更多時間思考。現在，關鍵來了。不要讓這些行動創造出的空間，被其他剛好掉進空隙的事情給填滿了。創造出空間，然後兩邊用木材支撐住，也請保護那塊空間，別讓它成為你日程表的一部分。打開你的「不在辦公室自動回覆」；關掉手機或是把手機留在另一個房間，要鎖在保險箱中也行，總之這是你的時間，要像對待小貓般小心呵護，明智地運用。

　　你正在創造時間，這是你將要投注在打造自己完美工作生涯上的時間。在這段時間裡你的IDEA思維模式將會浮現。

第二周：設定航向——反思

你已經熬過了第二周，為你的計畫奠定了基礎。恭喜了！

如同帳篷上的營繩，這周你完成的作業將會固定住你的行動計畫並提供穩定性。倘若你失去了動力或鑽入細節中模糊了焦點，或是你必須做出決定但不確定該走哪條路時，永遠可以回到你的願景、目的、目標來看看更遠大的藍圖。那時你就會明白這周完成的作業正在發揮作用。

你的IDEA思維模式：自我反思

與第一周一樣，你要為自己評分，與當周剛開始時比較，看看你在IDEA思維模式的每項要素上進步了多少。請記住這些要素的定義：

自我認同——清楚你是什麼樣的人、你主張什麼、你重視什麼問題。知道你的優勢和你擅長的工作是什麼，以及別人對你的看法和這些看法是否與你對自己的評價一致。這是一種自信，也是內心指南針。

方向——明確知道前方的道路、你長期的生涯目標是什麼，當面臨抉擇時知道你該走哪條路。在通往完美職業生涯的道路上不斷前進。對自己所做的決定感到滿意。

參與——你對生活及工作投入的程度。你對接下來的一天懷抱多少熱情，在一天結束時有多少成就感。你對未來可能的職業生涯機會感到興奮。或許能夠看到通往你喜歡的工作的道路。

本真——清楚地知道你的行為及工作時的選擇與你的價值觀和人生目的連結在一起。你的情感與生活及工作連結的程度。你的熱情所在。你很清楚自己為什麼做目前所做的工作,或者如果不清楚,那麼你正要開始打造一條通往本真的未來職業生涯的道路。

如果透過本周完成的作業,你認為自己已經在一或多項的IDEA思維模式要素上有進步,那就在下面圖表中合適的方格內畫個加號。倘若你覺得自己進步很多,那就畫不只一個加號。想想你在工作時的感受以及與朋友同事之間的談話。你認為自己的思維模式正在改變嗎?

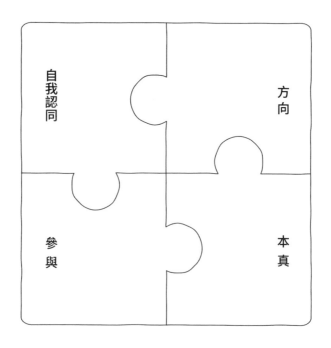

記得在反思日記（見100頁）裡寫些筆記。寫下你對本周的感想，以及在繼續這趟旅程的過程中，你是否注意到生活和工作上有任何改變。

責任備忘錄

你已經開始實施新的行動，包括新的習慣、新的慣例、新的行為。請利用這份責任備忘錄，記錄下你剛開始讀這本書時沒有做，而目前正在做的所有事情的清單。這會幫助你堅持這些新的行動並且保持責任心。

....

....

....

....

....

....

重點想法：要找到最恰當的詞語來明確表達腦中的想法通常需要時間。在經過反思、想法逐漸演變時，允許自己回來調整你在每周練習中所寫的詞語。那是尋找清晰思路過程的一部分。

讓身心做好
改變的準備

PREPARE

YOUR MIND AND BODY

FOR CHANGE

要改變你的生活、實現職業生涯的夢想，你需要心理韌性。韌性是IDEA思維模式很重要的部分。你準備好採取行動了嗎？你有能力改變現狀嗎？你覺得迫切期待嗎？在需要的時候，你能夠應付壓力嗎？

你需要清晰的頭腦和健康的身體才能在工作中充分發揮潛力。我們說的不是跑馬拉松，因為每個人的狀況不同。你要知道你想達成什麼目標以便為未來做好準備。

心理與身體的健康從未像當今這樣在日常生活中受到重視。大眾比以往更加認識到心理健康問題普遍存在，以及心理韌性對我們的幸福和應付困境的能力有正向影響。

踏出第一步已經夠困難了，但是要達成你所有的生涯目標需要投入、動力、毅力和韌性。你踏上的這段旅程困難而富有挑戰性，前方充滿了不確定的事物，道路也彎彎曲曲需要導航。你需要打起十二萬分的精神來幫助你達成目標，即使在你提不起勁來的日子也是如此。

當年我和蜜德芮為了出席大型比賽受訓時，幾乎每晚都待在練舞室。有些日子，我們覺得受到鼓舞、非常積極，有些日子則不然。也許是那天工作不順心，更常見的狀況是，身上還有當周稍早的艱苦訓練所殘留的疼痛不適。有時候舞蹈的動作就是合不起來——我們需要身體完美地配合才能在舞池有效率地移動，可是身體卻不夠協調。有好幾年我們一直在努力處理這種無法在每次訓練時拿出最好表現的感覺。

有一天，教練對我們說：「你們不必達到最好的表現。只要帶

著明確的目標來參加訓練，然後達成那個目標就好。目標可能是改進某個特定的技術動作，也許是在舞池移動的範圍盡可能大一些，或者是用你們兩人的身體填滿最大的空間。找到那個微小的目標，放開其他的一切。」

這改變了我們的思維模式，給予我們對付困難時期的韌性。透過專注在個別的元素上，放下每次都要完美的要求，總體而言我們表現得更好。

如今，我在輔導客戶的時候，總是有很多地方認為自己可以做得更好，像是注意到客戶的情緒反應、創造更多靜默的時間讓他們好好思考、提出更有思想深度的問題，以及帶領他們進入新的見解領域。每次輔導課程一開始，我都會挑選一個我想要專注發展的領域。我的目標是不斷改進我能為客戶提供的服務，但是我不會因為做得不夠完美而過分自責。

努力加強心理健康和韌性，就是在為達成你的生涯目標做好準備，更重要的是，讓這些改變持續下去。

本周你要完成三項練習。

我們將從**韌性的自我評估**（見152頁）開始，這項評估將會揭露出你的韌性實際上有多強，並且教你如何能夠增強韌性。

接下來，我們會談到**睡眠日誌**（見159頁）。如果想要恢復精神與體力，獲得適量、高品質的睡眠是非常重要的。

最後，我們要完成**飲食與健身日記**（見166頁）。身體健康能帶給你改

> 有些日子，
> 你的心中沒有半首歌，
> 但還是唱吧。
>
> ——艾茉莉・奧斯汀——
> （勵志演說家及
> 乳癌倖存者）

變現狀所需要的能量，也能夠加強心理韌性。

本周的兩項得力行動是：

1. 鼓勵積極性（見177頁）
2. 寫下肯定的詞語（見179頁）

♪ **本周配樂** ♫ ──────────

這周的配樂是有關韌性及賦予活力。

在開始本周的閱讀與練習前，播放這首曲子幫助你進入狀態：詹姆斯・泰勒的〈熱焰與冷雨〉。請看二〇〇七年在殖民劇院錄製的現場版本，你可以捕捉到他演唱這首曲子時的各種情緒。

當你在閱讀、思考、書寫的時候，請將這首曲子當背景音樂重複播放：艾瑞克・薩提的〈三首吉諾佩第〉。這些寫於一八八〇年代末的平靜、冥想的鋼琴曲有助於集中思緒、穩定心情。德布西的〈月光〉也有類似的效果。

在你做完練習時播放這首曲子，慶祝你完成並且提供你邁向下一步驟所需的令人振奮的能量：月球漫步樂團的〈就閉嘴跳舞吧！〉。這首二〇一四年的熱門歌曲可以在你邁向計畫下一步時帶給你活力、幫你改變節奏。這首歌是告訴你要放手享受樂趣！

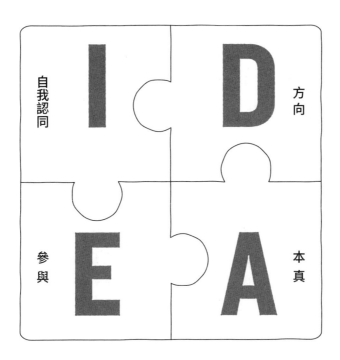

金牌之路

卡特琳娜・強森－湯普森是英國七項全能的世界冠軍。她從小就被認為是同一代中前途非常看好的年輕英國運動人才,可是她成為世界冠軍的歷程卻異常艱難。她以優異的表現在二〇一二年倫敦奧運會上嶄露頭角,接下來幾年原本預計會有更出色的成績,卻在幾次重要的大賽上有負眾望。

二〇一五年北京世界田徑錦標賽上,在第一天的比賽後,她處在非常有機會奪取金牌的地位,卻在跳遠項目犯規三次,徹底退出了競爭。在那之後一年的時間,她將自己的腳踰越起跳板的畫面設為筆電的螢幕保護程式。

二〇一六年里約奧運會上，在鉛球及標槍項目糟糕的表現讓她再度失去了獎牌。她事後反省說道：「投擲項目就是我的弱點。每個人都不斷跟我說這件事，一點幫助都沒有。」就連她的教練都認為她應該嘗試不同的項目。

二〇一六年十二月，強森－湯普森決定改變自己的生活。她離開家鄉利物浦，更換教練，將所有物品搬到法國南部蒙彼利埃的一間小公寓裡生活。「我的生活澈底地改變。在利物浦我過得非常安定……在這裡，所有人都說著不同的語言。」她相信這次搬遷改變了她的心理韌性。「去年我的心理狀態很糟……根本不想訓練。我不想參加比賽以免受傷。」她的新法國教練幫她取了個綽號叫「小頹」，因為她剛到法國時態度很消極。「過去兩年來，我幾乎對任何事情都提不起興趣……我對自己抱了很高的期待，當達不到自己的期望時，我很難面對。」

然而，將自己與近年來一直困擾她的壓力隔離開來後，她開始有所進展。新教練創造了一個比較放鬆的訓練環境，她也學會減少對別人的依賴。「在這裡，我幾乎樣樣事情都自己來……我想，我現在是個真正的大人了。」一步一步地，她逐漸建立起自信心並且提升能力，能夠拿出一連串世界一流的表現毫不出錯。

這樣的狀態當然並非一蹴可及。在二〇一七年倫敦世界錦標賽上，由於在跳高項目表現不如預期使她失去獎牌，最終獲得第五名。「那次的表現讓我心情跌到谷底。但那只不過是一次愚蠢的跳高，我的腳踝在雨中感覺狀況非常糟。那件事嚴重影響了我的心理，我不該讓這件事影響到我……這教會了我必須活在當下，不能讓一件小事阻擋了自己。我的心理必須更強韌。」

隨著時間過去成果逐漸出現。在二〇一九年世界錦標賽舉行

時，強森－湯普森回想她在蒙彼利埃經過改善的準備過程。「在上一屆世界錦標賽時，我搬到法國才過了一個夏天……根本還沒有安定下來，我對自己也絲毫沒有信心……但是現在那感覺好像是上輩子的事了。」強森－湯普森在一百公尺項目打破自己的最佳紀錄，並在跳高項目與她最大的對手旗鼓相當，接著是面對鉛球項目（她之前多次失敗的根源），扔出了十三點八六公尺，比她以往的成績遠了七十一公分。第一天結束時她處在領先地位。到了第二個投擲項目標槍（這也是她先前表現中主要的弱點），擲出了四十三點九三公尺，再次締造了個人最佳紀錄。她以第一名的成績進入最後一個項目，領先本屆的奧運冠軍。

當她運動生涯中最重要的時刻來臨時，她站在八百公尺的起跑線上準備就緒。「由於我過去的經歷，我自然不會把任何事情當成是天經地義，不過我完全準備好了……真的，時機到了。」另一項個人最佳成績確定她拿到了世界錦標賽金牌並刷新了英國紀錄。榮耀地繞場一周後，她反思自己的旅程。「我真不敢相信這就是結果……低潮的時刻幫助我回來，搬到蒙彼利埃試著審視自己的內心。」

後來，強森－湯普森省思她的心理韌性。「被稱為世界冠軍似乎有種權威感。不過我感到很不可思議，因為覺得我還是同一個人，有同樣的情緒、懷疑和恐懼。現在我看著其他人（以前的世界冠軍），心想他們在某些時候一定也感到害怕，但是以前的我不這麼想，因為他們擁有那個稱號、頭銜。但每個人都是凡人，每個人都有恐懼和焦慮，都會犯錯。我很幸運的是，在那場比賽中，我學會用某些方法利用這些情緒，並用其他方法將這些情緒排除在外。」

強森－湯普森通往巔峰之路是她懷抱熱情和幹勁，全心投入排除萬難，親自精心打造出來的。她小心謹慎地一步步培養自己的心

理韌性，將本身的天賦和優勢提升到極致，最後終於能夠發揮出驚人的潛力。這並不是運氣好。「知道我經歷過那種低潮，現在沒事了，實際上很有幫助⋯⋯那些表現並不代表我這個人，也不會讓我變成了壞人。我擁有自己小小的人生。我搬到法國，我只是在整理自己的生活。」[4]

心理韌性是什麼？

簡單來說，心理韌性就是能夠妥善應付壓力。無論你是在加速、改變方向，或者正努力對抗逆風，都是在承受壓力。尤其如果你是個出類拔萃的人，那你很可能為自己製造了很多的壓力！

這裡有六種方法可以幫助你培養更強健的心理韌性，我稱之為「六P」：Positivity（積極）、Problem-solving（解決問題）、Perspective（觀點）、Personality（性格）、Persistence（堅持），以及Partnering（夥伴）。

積極

積極是指擁有積極的心態與正向的人際關係。藉由專注在自己能夠改變的事情——我們的態度以及對待他人、與他人相處的方式——放下那些自己無法控制的事情，我們就能夠讓精力善盡最大的作用。當然，人生並不總是充滿陽光與彩虹，但是尋找那些你能夠掌控自己的故事的時刻，確保你的自我對話以及與人的互動都是正面積極的。

還記得我們討論過你的內心敘述如何能夠從「你為什麼還沒有⋯⋯？」或是「你為什麼不⋯⋯？」變成更振奮精神的話語（見43

頁）嗎？試著將腦中消極的想法翻轉
成積極的思考模式，比如：

　　「想像一下如果我……！」

　　「我想知道我是否能……？」

　　「如果我……？」

　　「如果我們……？」

過去不等於未來，
除非你生活在過去。

——東尼・羅賓斯——

解決問題

　　解決問題就是從「問題的思維模式」轉變為「解決的思維模式」。回想一下當事情不順遂，你能做的只有發怒，抱怨一切多麼糟糕、多麼爛，全都是別人的錯，你對這整個情況多麼生氣的時刻。在未來出現這種時刻的時候，思考一下如何才能將內心的想法轉向你能夠做些什麼來改變、改善現狀並找到解決方法。

　　你有什麼常見的沮喪來源是可以更積極改用不同角度去思考的呢？

　　範例：「我同事的態度真的很令人沮喪。我的提案很明顯才是正確的方向，但他們就是不懂。我們居然還要繼續下去……」改成「我需要更努力向同事解釋我的想法。有時候他們讓我放慢腳步，更仔細地考慮各種選項，這非常有幫助。」

　　你過去有認為自己無法成功，後來卻找到出路的例子嗎？你是在什麼時刻想出解決方法的？你做了什麼？

凡事總有解決之道。

——來源不明——

最近你有多少次因為某件其實沒什麼大不了的事情而感到沮喪？在疲憊、壓力大時，如果還變得脾氣暴躁，那表示你很容易就會崩潰。

想看花的人總是找得到花。

——亨利·馬諦斯——

請三不五時在日程表上撥出一點時間，出門到你喜歡而且可以激發靈感的地方走走。在散步的那段時間，暫時擱下所有你正在處理、帶來壓力的事情，好好展望一下未來。想像在幾個月或一年後，當你在通往理想工作方式的道路上走得更遠時，生活會是什麼樣子呢？你期待什麼？會有什麼不一樣的感覺？

等你散步回來後，拿一張紙寫下兩、三個短句，概括地描述你對未來的希望。把那張紙裝進信封，收在床頭櫃或桌子裡，當一切壓得你喘不過氣來的時候，就可以回頭查看。

性格

你必須了解自己才能培養心理韌性。每天都要觀察自己的想法和感受，尤其是在情緒緊張的時候。留意你的態度行為如何變化，身體對於不同的情況有何反應。了解什麼會觸發你的反應，試著想想引發你做出反應的第一件事，回想一下那件事發生時你所處的環境，之前發生了什麼事促使今天你做出這種反應？你今天還發生了什麼事嗎？你越了解自己越能夠預先防備，在考驗人的情況下控制自己的情緒和行為。這是一種強大的技能，也是IDEA思維模式的重點。

堅持

要改變現狀非常困難，有時候事情就是不順你的意。重要的是不要一遇到側風就被吹離了航道，因為即使遭遇困難，堅持不懈能幫助你繼續努力爬向高峰。經過反覆練習，你會做得越來越好。長跑運動員常提到練習時，要一直跑到幾乎瀕臨身體的極限，這麼一來身體就會逐漸熟悉難度，而不會覺得想要放棄。

> 學著了解自己……
> 經常務實地審視自己的
> 思考過程和感受。
>
> ——尼爾森‧曼德拉——

另一方面，你也需要認識自己的極限所在。倘若你發現自己正在苦苦掙扎，看不到出路、無法擺脫（特定的狀況或是消極的心理狀態），或者深陷大麻煩之中，千萬不要忽視。請停下來，喘口氣，尋求協助。要知道，假如有受重傷的危險，長跑運動員也是會停下來的。

回想一下你最近「差點」放棄的時候。你躊躇不前的原因是什麼？促使你繼續前進的是什麼？

夥伴

夥伴就是在你身邊安排一個龐大的支援網絡。他們可能是你的朋友、家人、導師或者教練。每當需要建議或支持，你會向誰求助？誰讓你對自己做的決定感到安心而有自信？在處理工作上的難題時，你會和誰一起討

> 我們不需要魔法來改變
> 世界，因為我們的內心早已
> 擁有需要的所有力量。
>
> ——J‧K‧羅琳——

論、解決問題？遇到令你沮喪的事情時，你會找誰？誰是你可能沒考慮到但可以找的人選？

假如心理健康和韌性對你來說特別困難，或者如果你想要更詳盡地探究這個領域，那麼就應該去找合格的醫療專業人員。

沒有人能夠用口哨吹出交響樂，這需要整支管弦樂隊才能演奏出來。

——H・E・盧考克——
（衛理公會牧師）

練習一：韌性的自我評估

我們來做個練習，研究如何利用六P的各個項目來加強你的韌性。

至於得分，請記住「從二前進到三」與「從八前進到九」同樣地好。重要的是前進的動力，請一步一步來。

積 極

「我是個相當樂觀的人，通常都積極樂觀地看待生活。當面對具有挑戰性的情況時，我經常會找出正面的事物，並以此為基礎往前進。」

按照一到十來評分的話，這句話有多少符合事實？

....

這比你一年前的得分高還是低？

....

你可以採取不同做法以便將分數提高一分的事情是：

....

....

....

....

....

....

....

解 決 問 題

「我認為自己不是一個天生愛抱怨的人。當面對具有挑戰性的情況時，我會迅速開始思考如何處理。」

按照一到十來評分的話，這句話有多少符合事實？

....

這比你一年前的得分高還是低？

....

你可以採取不同做法以便將分數提高一分的事情是：

....

....

....

....

....

....

....

觀 點

「我認為自己是個相當冷靜的人。當面對具有挑戰性的情況時，我很擅長客觀地看待問題。」

按照一到十來評分的話，這句話有多少符合事實？

....

這比你一年前的得分高還是低？

....

你可以採取不同做法以便將分數提高一分的事情是：

....

....

....

....

....

....

....

性格

按照一到十來評分的話,這句話有多少符合事實?

....

這比你一年前的得分高還是低?

....

你可以採取不同做法以便將分數提高一分的事情是:

....

....

....

....

....

....

....

堅 持

「我很頑強，不過我也知道自己的極限。當面對具有挑戰性的情況時，即使非常困難我還是會堅持下去，不過我也知道什麼時候應該休息。」

按照一到十來評分的話，這句話有多少符合事實？

....

這比你一年前的得分高還是低？

....

你可以採取不同做法以便將分數提高一分的事情是：

....

....

....

....

....

....

....

「我對自己的能力很有信心,但是我知道什麼時候應該尋求協助以及需要協助的時候該去哪裡求助。」

按照一到十來評分的話,這句話有多少符合事實?

....

這比你一年前的得分高還是低?

....

你可以採取不同做法以便將分數提高一分的事情是:

....

....

....

....

....

....

....

從這項練習中我學到的事情是：
....
....
....
....
....

練習二：睡眠日誌

　　睡眠對心理健康和身體健康都很重要，但不同的人需要的睡眠時間不盡相同。英國國民保健署所建議大多數成年人的睡眠時間是六到九小時。[5]

　　我們大多知道睡眠不足會脾氣暴躁、易怒，無法以最佳的狀態工作。但睡眠不足也是可能導致肥胖、心臟病、糖尿病的危險因子，並且與平均餘命縮短有關。睡眠不足的人，體內的瘦體素（一種讓我們有飽足感的荷爾蒙）的濃度會降低，飢餓素的濃度（一種讓我們有飢餓感的荷爾蒙）則會增加。[6]

雅莉安娜‧哈芬登是《哈芬登郵報》的共同創辦人也是茁壯全球（Thrive Global）的執行長，現在她在倡導睡眠健康具有降低過勞風險的力量。她的熱情源自她的過勞經歷，當時她因睡眠不足和疲憊而暈倒，頭撞到桌子上，顴骨斷裂。

> 倘若我們要真正地茁壯成長，就必須從睡眠開始。這是幸福生活的必經之路。
>
> ——雅莉安娜‧哈芬登——

在這項練習中，你要完成接下來七天的睡眠日誌。這將幫助你更了解自己的睡眠模式，以及影響你是否一夜好眠的因素。盡量在代表你平常活動（及壓力！）程度的「正常」一周內記錄睡眠日誌，不要選擇在度假或是正在做一次性的重大計畫時。這個睡眠日誌應該呈現出你的日常生活。不過在開始之前，請先回答以下的問題。

你認為自己的睡眠品質良好嗎？為什麼？

你認為你一天晚上平均睡多少個小時？

你需要睡多少個小時才能發揮最佳狀態？

是什麼妨礙你獲得更多、更好的睡眠？

　　現在該來完成睡眠日誌了。接下來七天，請在下面的表格中記錄下你的睡眠行為，需要的話也可以另外使用筆記本或另一張紙。盡量不要因為正在做這項練習，而偏離正常的睡眠模式太多。

	第一天	第二天	第三天	第四天	第五天	第六天	第七天
星期幾							
今早起床的時間							
用三個詞形容你今早起床時的感受							
昨晚你在睡前一小時所做的三件事							
昨晚花了多少時間入睡							
昨晚睡了多久							
半夜醒來過嗎							
用三個詞描述你今天一整天的心情							
今天一整天的平均壓力程度，按照1（壓力小）到10（壓力大）來評分							
你今天喝了多少含咖啡因的飲料？							
你今天運動了多少分鐘？							
你白天有小睡片刻嗎？							

一旦你填完了睡眠日誌，請回答以下的問題。

比較你原本預期的情況與實際情況，你有感到驚訝嗎？

什麼事情似乎與睡眠品質較好有關？

什麼事情似乎與睡眠品質較差有關？

....

....

....

....

....

假如你要做一件事來改善睡眠品質，那會是什麼？

....

....

....

....

....

> 列出三項你願意針對睡眠環境做出的改變，
> 以表明你致力於獲得更好的睡眠品質：

1.
....

....

2.
....

....

3.
....

....

在你開始制訂下周的行動計畫時，思考一下你要如何將這個意圖化為行動。

練習三：飲食與健身日記

現在我們要來看看身體健康如何幫助你為改變做好準備。

身體健康是指好好照顧身體，讓身體維持最佳的健康狀態和機能。在這裡我們談的不是要參加鐵人挑戰，或是找到你的六塊腹肌，不過如果那是你的目標之一，那就加油吧。你正在改變的旅途中，要

確保自己所搭乘的交通工具能夠勝任這趟旅程——請幫輪胎充飽氣，檢查油箱，擦亮外表，並且在行李箱中放三角警示牌以防緊急情況。

好好照顧身體，
那是你要生存下去
唯一擁有的地方。

——吉姆・羅恩——
（勵志演說家）

飲食

你是什麼樣的人和你吃的食物息息相關。飲食反映了你的偏好、信仰、教養、心情、健康狀況、經濟情況，以及目標。無論是雜食、海鮮素、素食、純素或者方便素，所有健康飲食都有某些共同的特色，而且不一定很昂貴。

英國國民保健署建議成年人的均衡飲食包括：

- 每天至少要五份各種各樣的蔬菜水果
- 主食為高纖維澱粉類食物，例如：馬鈴薯、麵包、米飯或義大利麵
- 一些乳製品或乳製品的替代品
- 一些蛋白質——如果你吃動物產品，那可以吃魚、蛋，或肉類，如果吃素的話，則可以吃豆類、乾豆類、豆腐、藜麥、堅果或種子。
- 少量的不飽和油脂和抹醬
- 大量的液體——一天至少六到八杯

你應該試著減少攝取高油、高鹽、高糖的食物和飲料，並且要吃充足的分量，讓體重維持在身體質量指數（BMI）所衡量的健康範

圍內。大多數人都攝取了過多的卡路里、飽和脂肪以及鹽跟糖，卻沒有充足的水果、蔬菜、富含油脂的魚類及纖維。[7]

如果飲酒的話，你必須控制每周的攝取量來避免主要的健康風險。你也應該避免一次喝過量，並且計畫每周有幾天是不喝酒的。指南因國家而異，所以倘若你不住在英國，請查看居住地的健康指南。

低估自己的酒精攝取量，或是在醫生直接問及時主動誇大事實是常有的事，所以誠實面對自己吧——這都是為了你自己。

我們花點時間來想想你的飲食吧。

你認為自己應該多吃點什麼？

你認為自己應該少吃點什麼？

你會如何描述自己的酒精攝取量？
....
....

阻礙你採取健康飲食的因素是：
....
....

現在該來完成飲食日誌了。市面上有很多應用程式可以協助你，也可以記錄你的卡路里及酒精的攝取量。其中有兩個很好用的：

- MyfitnessPal
- Drinkaware

接下來七天，請在下面的表格中記錄你的飲食。如果你想要的話，也可以隨意拿筆記本或另一張紙來記錄。注意，請盡量不要因為正在做這項練習而偏離你正常的飲食太多。

	第一天	第二天	第三天	第四天	第五天	第六天	第七天
星期幾							
早餐							
午餐							
晚餐							
點心							
不含酒精的飲料							
酒精類飲料							
攝取的酒精單位							
今早起床時是否計畫吃得更健康或少喝點酒？							
倘若沒有達成目標是受到了什麼阻礙？							
就飲食層面而言，這算是正常的一天嗎？							

現在請回答下面的問題：

寫完這份日記，有什麼（如果有的話）令你感到驚訝嗎？

....

....

....

....

請明確寫下你想要改變哪一方面的飲食習慣：

....

....

....

....

....

在你開始制訂下周的行動計畫時，思考一下你要如何將這個意圖化為行動。

健身

想要將罹患心臟病、中風、第二型糖尿病、癌症的風險降低百分之五十，將早逝的風險減低百分之三十，提升你的自尊、情緒、睡眠品質和精力，並且降低焦慮、憂鬱、失智、阿茲海默症的風險嗎？這一切都與有更好的體適能有關。[8]

國民保健署建議十九歲到六十四歲的人每星期至少要做一百五十分鐘中等強度的運動，或者七十五分鐘的劇烈運動[9]。中等強度運動可以是快走、騎自行車、跳舞或健行。劇烈運動可以包括慢跑或跑步、游泳或快速騎自行車、從事體育運動，或者爬山。

如果在這星期以後你希望增加自己的運動量，重要的是要逐漸增加以降低受傷的風險，尤其假如你是從零開始，或年紀較大、過去曾受過傷，又或者有其他潛在的健康狀況的話。一條很適合的經驗法則是，每星期增加的練習量不要超出前一周的百分之十到十五[10]。倘若你有任何疑慮，應該在開始運動計畫前，尋求合格醫療專業人員的建議。

在完成健身日記前，請先回答下面的預備問題以幫助你起步。

你最喜歡的健身活動是什麼？為什麼？

列出幫助你保持活力的因素：

列出阻礙你保持活力的因素：

....

....

....

....

你需要哪位夥伴幫助你每星期做足夠的運動？

....

....

....

現在，請在下面的表格中填完一周的健身日記。需要的話也可以用筆記本或另一張紙。盡可能選擇壓力與緊張程度和平常一樣、能夠代表你正常生活的一周，因為記錄的目的是為了了解你平常有空時會做什麼運動。

	第一天	第二天	第三天	第四天	第五天	第六天	第七天
星期幾							
今天做了哪種運動？							
做了幾分鐘？							
什麼樣的活動程度（中等或劇烈）？							
今早起床時是否計畫做更多的運動？							
倘若沒有達成目標是受到什麼阻礙？							
就運動而言這算是正常的一天嗎？							

現在回答下面的問題：

寫完這份日記，有什麼（如果有的話）令你感到驚訝嗎？

....

....

....

....

寫出你想要改變哪一方面的健身習慣：

....

....

....

....

在你開始制訂下周的行動計畫時，思考一下你要如何將這個意圖化為行動。

得力行動一：鼓勵積極性

我們先前討論過積極和觀點（六P的其中兩項）在培養心理韌性（見148頁）方面的作用。在這項得力行動中，你將審視自己對負面情況的自然反應，並設法以積極的角度重新思考整件事。以下有幾個立即反應以及如何從不同角度去思考的例子：

你今天的想法	你未來可能的想法
你為什麼要浪費我的時間？	謝謝你來問我問題，我能幫什麼忙嗎？
這是我做過壓力最大的計畫。	雖然很辛苦，但是我從這個計畫學到很多東西。
我周末又得加班了。	我要跟經理坦誠地談談工作與生活的平衡。
我失業了；我的人生完了。	或許這是我需要調整、轉換到新跑道的機會。
我承受不了，我就是無法面對。	我今天只需要踏出一步，剩下的明天再面對。
我把自己擺在第一位，這樣子很自私。	我把自己擺在第一位，這樣子對我有益，促使我去幫助別人。

回想一下最近你曾因為某件發生的事、某人說過的話或做過的事而極度沮喪的經驗。當時是什麼情況？你立即、本能的反應是什麼？腦中的聲音在說什麼？請把答案寫在後面。

情況：

....

....

....

....

你腦中的聲音在說什麼？

....

....

....

....

現在來想想看，你可以怎麼用更積極的態度來做出反應。

┌───┐
│   │
│   **更積極的反應方式是什麼？**   │
│   │
├───┤
│   │
│ .... │
│   │
│ .... │
│   │
│ .... │
│   │
│ .... │
│   │
└───┘

　　接下來幾天，我希望你注意一下當腦中的聲音響起、你的本能反應很消極的時刻。留意腦中聲音是改變的第一步，請練習將消極的想法轉變成更積極的想法。

得力行動二：寫下肯定的詞語

　　許多人發現寫下並重複一句簡單肯定的片語，可以幫助他們在苦苦掙扎時專注在積極的思維模式上。肯定的詞語是非常個人的選擇，不過有些例子可供你思考：

● 「我夠好了。」
● 「我選擇幸福。」

- 「我剩下的人生才剛開始。」
- 「黑夜過後太陽總會升起。」
- 「我足智多謀，我選擇自己的路，創造自己的未來。」

　　用你個人的話語寫下肯定的句子，不妨回想一句對你意義重大的讚美，作為參考。想一個你揮之不去的恐懼，你可以用什麼言語來消除它？回想你覺得自己走出黑暗時期的時刻，是什麼支撐你度過難關？是否曾經有人對你說過非常有意義的話，你甚至寫下來，不時翻閱反思？

　　請在後面寫下你個人的肯定語，每當需要激勵的時候就閉上眼睛、放慢呼吸，對自己重複這些語句。讓自己回到那一刻，重新想起積極的感覺。

你個人的肯定語：

現在思考一下，該如何讓你的肯定語效果更強大。想想你在生活中可能會需要想起這句肯定語的時刻。這句話需要在何時、何地出現？要像電腦上的行事曆提醒般，每天早上都彈出小視窗嗎？或許你可以把這句話設定成手機桌布，又或者可以寫在便利貼上，貼在偷藏的美味巧克力旁邊！

你要如何將肯定語帶到生活中？

第三周：讓身心做好改變的準備──反思

恭喜你通過了第三周。

我們這星期討論的問題有些你可能已經知道了；有些你可能之前沒有真正想過。有些你可能可以自在地和家人朋友談論；有些可能感覺太過私人或血淋淋，你只想保守祕密，至少暫時如此。這都無所

謂，因為這是「你」的旅程，你需要找到適合自己的方法。

請記住世界上最成功的人都曾因為缺乏韌性（這是人性）而失足，這不是你可以在一夜之間，或者一周、一個月甚至一年就能「達成」的目標，而是你要不斷培養的素質，在這過程中照顧好身心是不可或缺的。改變思維模式需要時間，要做到這點，你的身心都必須感覺充滿活力、動力，而且強壯。

如果你在做本周的練習時感覺非常難過、不知所措或是憤怒，又或者假如做的作業讓你意識到自己的某些行為可能有問題，那麼你應該向合格的醫療專業人員求助。

你的IDEA思維模式：自我反思

與第一周和第二周一樣，你要為自己評分，與當周剛開始時做比較，看看你在IDEA思維模式的每項要素上進步了多少。請記住這些要素的定義：

自我認同──清楚你是什麼樣的人、你主張什麼、你重視什麼問題。知道你的優勢和你擅長的工作是什麼，以及別人對你的看法和這些看法是否與你對自己的評價一致。這是一種自信，也是內心指南針。

方向──明確知道前方的道路、你長期的生涯目標是什麼，當面臨抉擇時知道你該走哪條路。在通往完美職業生涯的道路上不斷前進。對自己所做的決定感到滿意。

參與──你對生活及工作投入的程度。你對接下來的一天懷抱多少熱情，在一天結束時有多少成就感。你對未來可能的職業生涯機會感到

興奮。或許能夠看到通往你喜歡的工作的道路。

本真──清楚地知道你的行為及工作時的選擇與你的價值觀和人生目的連結在一起。你的情感與生活及工作連結的程度。你的熱情所在。你很清楚自己為什麼做目前所做的工作，或者如果不清楚，那麼你正要開始打造一條通往本真的未來職業生涯的道路。

如果透過本周完成的作業，你認為自己已經在一或多項的IDEA思維模式要素上有所進步，那就在下面圖表中合適的方格內畫個加號。倘若你覺得自己進步很多，那就畫不只一個加號。想想你在工作時的感受以及與朋友同事之間的談話。你認為自己的思維模式正在改變嗎？

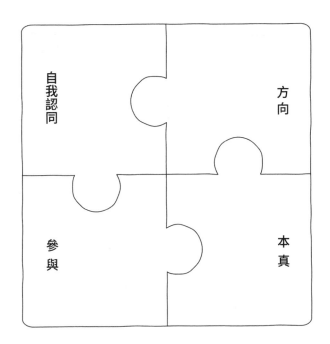

記得在反思日記（見100頁）裡寫些筆記。寫下你對本周的感想，以及在繼續這趟旅程的過程中，你是否注意到生活和工作上有任何改變。

責任備忘錄

　　你繼續實施新的行動，包括新的固定習慣、新的慣例、新的行為。利用這份責任備忘錄，記錄下你剛開始讀這本書時沒有做、目前正在做的所有事情的清單。這會幫助你堅持這些新的行動並且保持責任心。

....

....

....

....

....

....

....

....

....

....

....

重點想法：培養韌性可能需要很長的時間。如果需要一段時間才有進展，千萬不要急，也不要怪罪自己。給點時間，繼續堅持下去，你會發現適合自己的方式。

WEEK **4**

擬訂行動計畫

YOUR
ACTION PLAN

你已經進行到一半了。過了三星期，只剩三星期了。

到這裡我們要進入有益、重要的部分，開始將所有很棒的思維轉變為強大、有效的作為。在這周你要有意地建立你和未來工作的關係，那份工作會讓你覺得做的正是自己打算做的事情，可以發揮本身的優勢，提供你過自己想要的生活所需的一切。想像一下那會是什麼感受。

本周我們要思考的是：你要做什麼才能利用到目前為止你逐漸發展出來的四項原則，進入理想的工作情況並開啟你的IDEA思維模式？你準備怎麼做？誰可以助你一臂之力？你打算在什麼時候完成？

> 沒有行動的計畫不算計畫，只是演說。
>
> ——T・布恩・皮肯斯——
> （金融家暨慈善家）

本周你要完成三項練習。

首先，我們要**制訂行動**（見195頁），也就是為了達成你的生涯目標所需要採取的個別步驟。

接下來，我們要討論**請求協助**（見202頁），要仔細考慮你需要誰支援你完成行動。

最後，你要將行動清單擬成可實現的**時間表**（見209頁）。

本周的兩項得力行動是：

1. 制訂行事曆（見217頁）
2. 許下不可回頭的承諾（見217頁）

　　這周的配樂都是跟採取行動、向前邁進有關。

　　在開始本周的閱讀與練習前，播放這首曲子能幫助你進入狀態：漢斯‧季默的〈聖杯騎士〉。這首強而有力的作品是二〇〇六年《達文西密碼》電影的配樂，曲中不屈不撓、富有節奏、逐漸增強的旋律驅使聽眾一步一步地向前。請搜尋一下季默和管弦樂隊在二〇一六年五月於布拉格現場音樂會上演奏的版本。

　　當你在閱讀、思考、書寫的時候，請把秘密花園樂團的〈移動〉當背景音樂重複播放。這首歌曲出自挪威雙人團體秘密花園的專輯《月光下的小白石》，具體展現了行動與前進的活力。請觀看二〇一五年於基爾頓錄製的現場版本，如果你喜歡這首作品，那就再加碼搜尋〈隨風起舞〉。

　　在你做完練習時則播放辛西婭‧艾利沃的〈我就在這裡〉（I'm Here），慶祝你完成並且提供你邁向下一步驟所需的令人振奮的能量。這首百老匯音樂劇《紫色姊妹花》中的代表性歌曲，表現出自我價值與主動負責等鼓舞人心的精神。請找一下二〇一六年在史蒂芬‧柯貝爾《深夜秀》上錄製的原始而發自內心的版本。

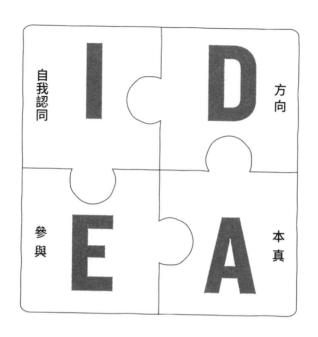

什麼樣才是好的行動計畫？

行動計畫就是列出你將要做的事情、負責做的人選，以及預計完成的時間點。計畫內容需要清晰聚焦、富有雄心同時也要切實可行。

一份好的行動計畫看起來簡單，但是其實在你開始做之前就很難擬定了。當這份計畫真正執行時，有非常多層的細節可以如洋蔥般剝開。

在行動計畫中，要列出為了達到你的生涯目標所需要做的事情，同時思量你需要的協助和截止日期。你對這些細節考慮、計畫得越周到，在執行行動計畫時因意外狀況而犯錯的可能性就越小。

人生很少完美，事情不一定會如我們預期的方式發展，因此好的行動計畫也需要預料和調適：預料即將發生、可能需要準備應對的

事情；依情況需要可以調整（或者有時候是全盤改變）計畫的調適能力。許多行動計畫失敗是因為當事人固執地堅持下去，沒有不時退一步思考自己執行的是否仍是最佳的行動方針。

在制訂和實行行動計畫時，很重要的是，不僅要能夠在雜亂的草叢中也要能夠在一萬英尺的高空中執行。我這麼說的意思是，計畫中應該包括所有重要的細節和考慮到大局的行動。你所制訂的計畫應該要很容易地看出你需要做的細微執行工作，還有這些細微的執行工作如何匯入你的願景──也就是你完美的工作生涯當中。

當需要時，倘若你無法深入草叢（也就是細節），那就表示行動計畫並沒有經過仔細嚴謹地考慮，你就可能會出錯。如果你無法上升到一萬英尺處，那也有可能錯過唯有從高處才能看到的東西。擬訂兼顧細節與大局的成功行動計畫是很困難的技能，但是你越竭盡心力去做就會做得越好。

SMART 行動

你可能看過SMART這個縮寫字，最初是由管理顧問喬治·T·朵蘭所創造的，現在在商業界使用得非常普遍。這基本上是你希望自己的行動遵循的一些原則。不同人對這縮寫字裡的某些字母的用語會略有不同，但是在我們使用的版本中，SMART代表的是：

假設你的每項行動都符合SMART，那這項行動計畫一定會超級有效，你也更有可能完成行動，獲得全面的勝利。

我們來更仔細地檢視這些用語吧。在檢視的過程中，我們將會逐步建立起完全符合SMART的行動。

計畫中的每項行動都應該很「具體」。對於你所想表達的意思或是必須做的事項應該是沒有模糊空間的。

假設你決定要溫習一下統計學，並且去上個課，那就從確定你打算上什麼課程開始。

這邊舉例說明何謂具體的行動：學習皮爾森商用統計學三級的課程。

直截了當、非常具體，你很清楚自己要上哪門課。

每項行動都應該「可衡量」。可衡量目標的結果可以用（一到十）的量表估計，或是評估為命中或落空，成功或失敗。可衡量的行

動應該解決的問題如下：

- 多少錢？
- 多少數量？
- 我怎麼知道何時完成？

　　這邊舉例說明「具體」且「可衡量」的行動：通過皮爾森商用統計學三級課程。

　　現在這是可衡量的。你會知道自己是否通過了課程，因此就會知道自己何時完成行動。

可實現

　　每項行動都應該「可實現」。創造出明知無法達成的任務毫無意義，那只會讓你失去動力、浪費時間。挑選那些可以拓展你的能力，但是你相信自己能夠完成的行動。

　　這邊舉例說明「具體」、「可衡量」而且「可實現」的行動：通過皮爾森商用統計學三級課程，並且期末考成績達到百分之七十以上。

　　拿到百分之七十大概是你可以實現的目標。只要你夠認真努力就能達到這個成績。與力爭名列前茅相較，後者還要取決於和你一起研讀的有誰，很有可能無法實現。

相關

你的行動應該與達成目標直接「相關」。

1. 每個目標應該至少有一項對應的行動。
2. 每項行動應該有助於達成至少一個目標。

這邊舉例說明「具體」、「可衡量」、「可實現」又「相關」的行動：通過皮爾森商用統計學三級課程，期末考成績達到百分之七十以上，以幫助我爭取下一次升遷。

將行動與具體的目標連結在一起可以幫助你保持專注、不要分心。

有時限

「有時限」意思是行動要有最後期限。你很容易告訴自己會抽空去做，會在下星期或下個月找個時間。我們全都這麼說過，但永遠找不出時間，因此你需要設最後期限迫使自己專注、給自己施加壓力。

舉例說明「具體」、「可衡量」、「可實現」、「相關」且「有時限」的行動：在年底前通過皮爾森商用統計學三級課程，期末考成績達到百分之七十以上，幫助我明年春天升遷。

現在你明白自己要做什麼、如何知道自己已經完成，以及為什麼要這麼做、什麼時候要做完。這項效果強大的行動將幫助你獲得顯著的進步。

練習一：制訂行動

我們開始制訂一些為了達成每項目標的對應行動吧。試著將SMART原則考慮進去，但是現階段不用過於擔心——我們會在做完練習後回來檢視這些原則。

在下面的表格中填入你之前寫的目標（見130頁）。針對每個目標列出三到五項你能夠完成以達到目標的行動。這些行動應該詳盡，完成所有的行動就代表你實現了目標。有時這可能表示你有五個以上的行動，但清單還是要盡可能保持簡短、可控制。之後你專注於完成計畫時這將會有所幫助。

目標一		行動
	1.1	
	1.2	
	1.3	
	1.4	
	1.5	

目標二		行動
	2.1	
	2.2	
	2.3	
	2.4	
	2.5	

目標三		行動
	3.1	
	3.2	
	3.3	
	3.4	
	3.5	

目標四		行動
	4.1	
	4.2	
	4.3	
	4.4	
	4.5	

目標五		行動
	5.1	
	5.2	
	5.3	
	5.4	
	5.5	

目標六		行動
	6.1	
	6.2	
	6.3	
	6.4	
	6.5	

現在回頭檢查一下這份清單。是否每項行動都符合SMART？是否遵循所有SMART的原則（見191-195頁）？有時候不可能讓每項行動都符合SMART，但是要盡量切合大多數的原則。

　　倘若你完成行動計畫就能達成每個目標嗎？讀一遍行動清單，想像自己成功地完成所有的行動。這麼一來會實現你的目標嗎？還是需要再做些什麼？

練習二：請求協助

　　現在我們從另外兩個角度來審視你的行動。

　　這些行動有多困難？事先充分思考過這個問題，可以幫助你預料未來的挑戰。如果你所有的行動都難以做到，那麼可能要考慮修改一下方法，讓你的計畫稍微容易實現。

　　你需要別人幫忙你完成每項行動嗎？有幫助和支援非常好，你可以利用這欄位來特別留意你在哪裡需要幫助。你也可能會找到能夠幫助你執行好幾項行動的人。

　　為了評估你對這些問題的答案，請將上一個練習裡的行動抄到後面的表格中，再填寫新附加的兩個欄位。

	行動	行動的難度是簡單、中等或是困難?	需要別人協助嗎?是的話,要找誰?
1.1			
1.2			
1.3			
1.4			
1.5			

	行動	行動的難度是簡單、中等或是困難?	需要別人協助嗎?是的話,要找誰?
2.1			
2.2			
2.3			
2.4			
2.5			

	行動	行動的難度是簡單、中等或是困難?	需要別人協助嗎?是的話,要找誰?
3.1			
3.2			
3.3			
3.4			
3.5			

	行動	行動的難度是簡單、中等或是困難？	需要別人協助嗎？是的話，要找誰？
4.1			
4.2			
4.3			
4.4			
4.5			

	行動	行動的難度是簡單、中等或是困難?	需要別人協助嗎?是的話，要找誰?
5.1			
5.2			
5.3			
5.4			
5.5			

	行動	行動的難度是簡單、中等或是困難?	需要別人協助嗎?是的話,要找誰?
6.1			
6.2			
6.3			
6.4			
6.5			

練習三：擬訂時間表

重新審視你的行動清單，評估何時需要完成每項行動。哪些行動你一放下筆就需要馬上處理？你不會想要淹沒在立即待辦事項清單中，所以保持五到十項「立即！」的行動就好。我們想要開始動作取得進展，這麼做會幫助你擬出一小部分可以立刻著手的行動。選擇那些能夠幫助你加速前進的行動。

> **IDEA**
> **思維模式**
>
> 假如你只有空踏出一步，
> 那就邁一大步吧。

至於其他的行動，請決定每一項行動是否需要在三個月、十二個月內，或是某個特定日期前完成。

	我需要做的事				
	行動	立即行動！ （五到十項 行動）	三個月內	十二個月內	特定日期前 （須明確 指定日期）
1.1					
1.2					
1.3					
1.4					
1.5					

	我需要做的事				
	行動	立即行動！ （五到十項 行動）	三個月內	十二個月內	特定日期前 （須明確 指定日期）
2.1					
2.2					
2.3					
2.4					
2.5					

	我需要做的事				
	行動	立即行動！ （五到十項 行動）	三個月內	十二個月內	特定日期前 （須明確 指定日期）
3.1					
3.2					
3.3					
3.4					
3.5					

	我需要做的事			
	行動	立即行動！ （五到十項 行動）	三個月內	十二個月內	特定日期前 （須明確 指定日期）
4.1					
4.2					
4.3					
4.4					
4.5					

	我需要做的事				
	行動	立即行動！ （五到十項 行動）	三個月內	十二個月內	特定日期前 （須明確 指定日期）
5.1					
5.2					
5.3					
5.4					
5.5					

	我需要做的事				
	行動	立即行動！ （五到十項 行動）	三個月內	十二個月內	特定日期前 （須明確 指定日期）
6.1					
6.2					
6.3					
6.4					
6.5					

現在，寫下你的最後期限，我們會在得力行動——制訂行事曆（見217頁）中用到這些日期。

你的最後期限

今天的日期：
....

....

三個月內的日期：
....

....

十二個月內的日期：
....

....

你現在擁有一份行動計畫，符合SMART原則，並且與你的願景及目標一致，這是很大的成就。

這可能並不容易，不過你現在透過在**自我認同、方向、參與、本真**方面所做的功課掌握了IDEA思維模式的四項原則，已經拿到了開始真正改變你的工作生涯所需要的基本路線圖了。

得力行動一：制訂行事曆

這項得力行動很簡單，只要將提醒記在日程表裡，對照上一項練習中的最後期限，標記出需要做的事項以及該做完的日期。然後，針對每項行動，在最後期限前一、兩周再增加一個提醒，提示你記得做完任何尚未完成的事情。

太棒了！現在走出房間你知道自己今天需要做什麼，而且行事曆上有接下來幾個月的提醒幫助你按計畫行事。

得力行動二：許下不可回頭的承諾

你知道在水上樂園溜滑梯，從頂端猛地往下滑時那種再也回不來了的感覺嗎？你將兩隻手肘往內縮，乘著強力水流一路到底部。

我們在做出改變的時候，卻經常將一根腳趾伸進水裡，另一隻腳繼續穩穩地踩在陸地上。但是在某些時刻你必須放手、不加思索地投入！

這項得力行動是要許下不可回頭的承諾，也就是做出無法回頭或反悔的行動。我們要利用這項得力行動來對付非常棘手的事；也許是拖延了一段時間的事情，或者眼前令人卻步的障礙。

如何才能許下真正不可回頭的承諾呢？這裡有一些激勵自己堅持承諾的點子：

- 將你的承諾發布在社交媒體上告訴所有的朋友。
- 與同樣在努力堅持承諾的人結成搭檔，當彼此的「責任夥伴」。

- 在你不打算失敗的新習慣上投資一筆錢。
- 假如你沒有堅持承諾就要付出令人尷尬（或者昂貴）的代價（例如送可愛的禮物給頭號對手，就是非常能夠激起幹勁的懲罰）。

那麼不可回頭的承諾是什麼？是你承諾要開始著手的行動，例如：解決你的稅務問題；與老闆談論難以開口的話題；跑半程馬拉松。

你的承諾：
....
....
....
....
....
....
....
....

你如何許下不可回頭的承諾？如果沒有堅持履行承諾的話，你要做什麼或者發誓要做什麼？（如果你還沒有許下不可回頭的承諾就不可以在這裡寫東西。不要給自己變卦的機會。）

....

....

....

....

....

....

....

第四周：行動計畫——反思

　　恭喜你到達了第四周的結尾。這是喘口氣、反思你目前為止所做的一切的好時機。

　　擬訂好行動計畫是向前邁了一大步，可是現在你擁有的不僅是一份將帶你走向完美工作生涯的任務清單。到這裡你應該會開始感覺到自己的思維模式在轉變。你有了全新的清晰思路及剛萌生的自信。

許多課程會到此停住，暗示你可以著手執行你的行動計畫，一切都會順順利利。但是你我都知道事情沒有那麼簡單。如果是的話，快速減肥就會有效，考試前一晚臨時抱佛腳會讓你成為該科目的專家，升遷也會易如反掌。

我們人類是習慣的生物，總是在舊慣例中尋求安逸，當我們達成似乎不可能的功績時，便會失去動力、自信、幹勁，因為這就是人的本性。這就是為什麼即使終點是我們夢想的職業生涯或嚮往的生活，要堅持完成計畫依然困難無比。只因為所有的行動都在日程表裡，不一定代表就會實現，除非……

> 如果你住在一條
> 活生生的龍旁邊，
> 就非得將牠納入考量不可。
>
> ——J·R·R·托爾金——

我們下周要做的事情是，確保你的行動計畫是你能夠實現並且堅持到底的。當事情不可避免地無法完美按計畫進行時，你將不得不面對什麼樣的情緒起伏？有哪些事情是你無法計畫卻可能絆倒你的？我們要保障你的行動計畫未來仍然適用。

你的IDEA思維模式：自我反思

與前幾周一樣，你要為自己評分，與當周剛開始時比較，看看你在IDEA思維模式的每項要素上進步了多少。請記住這些要素的定義：

自我認同——清楚你是什麼樣的人、你主張什麼、你重視什麼問題。知道你的優勢和你擅長的工作是什麼，以及別人對你的看法和這些看

法是否與你對自己的評價一致。這是一種自信，也是內心指南針。

方向——明確知道前方的道路、你長期的生涯目標是什麼，當面臨抉擇時知道你該走哪條路。在通往完美職業生涯的道路上不斷前進。對自己所做的決定感到滿意。

參與——你對生活及工作投入的程度。你對接下來的一天懷抱多少熱情，在一天結束時有多少成就感。你對未來可能的職業生涯機會感到興奮。或許能夠看到通往你喜歡的工作的道路。

本真——清楚地知道你的行為及工作時的選擇與你的價值觀和人生目的連結在一起。你的情感與生活及工作連結的程度。你的熱情所在。你很清楚自己為什麼做目前所做的工作，或者如果不清楚，那麼你正要開始打造一條通往本真的未來職業生涯的道路。

　　如果透過本周完成的作業，你認為自己已經在一或多項的IDEA思維模式要素上有進步，那就在下面圖表中合適的方格內畫個加號。倘若你覺得自己進步很多，那就畫不只一個加號。想想你在工作時的感受以及與朋友同事之間的談話。你認為自己的思維模式正在改變嗎？

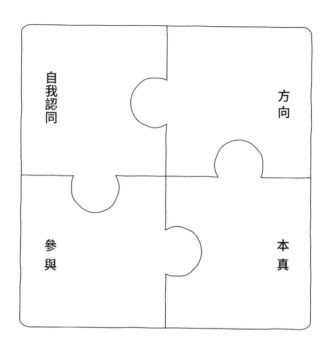

　記得在反思日記（見100頁）裡寫些筆記。寫下你對本周的感想，以及在繼續這趟旅程的過程中，你是否注意到生活和工作上有任何改變。

責任備忘錄

　你繼續實施新的行動，包括新的固定習慣、新的慣例、新的行為。利用這份責任備忘錄，記錄下你剛開始讀這本書時沒有做、目前正在做的所有事情的清單。這會幫助你堅持這些新的行動並且保持責任心。

WEEK **5**

堅持到底

MAKE IT
STICK

能夠堅持到這裡真是太好了，只剩下兩星期了。

你已經規劃了完美的工作生涯，並且知道需要做什麼才能達到目標，你應該已經開始著手寫在行動計畫（見210頁）裡的「立即！」行動。

這星期我們要帶你調整到積極的心理狀態，這將在你開始實現職業生涯夢想、開啟IDEA思維模式時，幫助你做好準備邁向成功。在不久的將來，事情會開始順利運轉，你會發現IDEA思維模式的四項要素全都結合在一起，這點或許你已經略微體驗到了。

現在我們要透過各種不同的濾鏡來檢視你的計畫。我們會測試你先前的一些假設或決定是否仍然適用可行。不要害怕回去調整你寫完的內容，只要這樣做是恰當的話，就放手去修正吧。你正在鋪設一層層經過深思熟慮、富有意義的計畫，因此觀點在過程逐漸拓展是絕對正常的狀況；事實上，這表示你真正投入你目前所做的事情之中。

本周你要完成三項練習。

首先，我們要看一下**為成功做好準備**（見228頁）。我們會重新審視你的動力，並且擊破在工作上創造變革的心理障礙。

接著，我們要來**觀察情緒變化**（見236頁）：個人改變的情緒變化歷程。

最後，我們要計畫**逃離流沙**（見244頁）。我們知道前方的旅程並不一定輕鬆。當處於艱難的低谷時，你能夠利用什麼讓自己脫離困境進入下一個階段？

本周的兩項得力行動是：

1. 記錄你的情緒（見245頁）
2. 訓練你的大腦（見246頁）

這周的配樂是與產生前進的推力與動力有關。

在開始本周的閱讀與練習前，播放這首曲子能幫助你進入狀態：《西城故事》裡的〈有事降臨〉，由曼迪‧帕廷金所演唱。這首歌曲傳達的訊息在創作五十多年後仍然能夠引起共鳴。切分音及交叉節奏製造出向前推進的感覺。請找曼迪‧帕廷金的《實驗》專輯中錄製的版本。

當你在閱讀、思考、書寫的時候，則將這首曲子當背景音樂重複播放：魯多維科‧艾奧迪所創作的〈白雲〉，由盧梭（Rousseau）演奏的版本。當你想要有意地將積極的行動變成習慣時，請聽這首旋律主題不斷重複的簡單又優美的鋼琴曲。

在你做完練習時請播放這首曲子，慶祝你完成並且提供你邁向下一步驟所需要的振奮能量：酷玩樂團的〈天堂〉。這首催眠又令人振奮的曲子體現了我們在追求夢想時所感受到的推力與動力。請找一下二〇一二年在巴黎體育場現場錄製的版本。

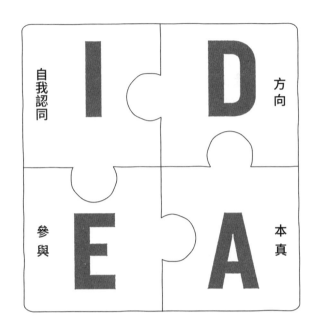

練習一：為成功做好準備

　　我們來逐步通過創造改變的過程吧。一開始先來了解為什麼我們起初總抱著強烈的意圖、最後卻無法實現的常見原因。

　　我和蜜德芮當年終於去義大利發展社交舞蹈生涯時，我們反省了自己為何沒有早點去的原因。我們一直想要盡可能發揮到極致，但是每次考慮去義大利時，總是任由自己製造的限制束縛我們。「我們負擔不起經常出國。」「我們的工作不夠有彈性，這計畫行不通。」「那是其他幸運兒——那些有贊助的人才辦得到的事。」實際上，後來前往義大利的時候，生活情況也沒有任何改變讓我們能夠輕鬆地去義大利。我們沒有獲得更多的錢，也沒有更多的時間，我們只是決定採取行動。觸發我們改變思維的因素是，我們已經被逼到極限，明白

再不做任何改變就得放棄。我們以前從未面臨如此嚴峻的抉擇，而正是這麼嚴峻的抉擇才阻止我們繼續找藉口。

退出舞蹈界後，我比較少花時間擔心假如決定採取某種行動後可能會出什麼錯，而是花更多的時間思考可能會出現什麼樣的機會。當上司要求我在經驗不甚豐富的領域負責一項大專案時，我欣然接受了這個機會，決定把這看成是一條陡峭的學習曲線。以前，我會擔心自己在管理下屬或是龐大的預算方面相對缺乏專業知識。儘管以積極的心態接受了挑戰，但是那時的我仍然覺得自己好像踏入了未知的領域，罹患了嚴重的冒名頂替症候群。然而回顧過去，我發現做些帶領我遠離舒適圈的工作，其實幫助我成為更好的領導人，並促使職業生涯更上一層樓。

成功又持久的改變並不是意外發生的，而是需要許多元素和諧無間地共同合作。當改變失敗時（這是常有的事），你通常可以回顧確認出一、兩樣導致失敗的特定元素。

我們來看看「為什麼失敗」的常見藉口：

- 「感覺好像付出很多努力，回報卻很少。」
- 「我不清楚下一步該做什麼。」
- 「我沒空做這些額外的工作。」
- 「我已經這麼做很久了，我好累，根本看不到隧道盡頭的光。」
- 「情況一開始還不錯，但是時間越久事情就越複雜，現在我只覺得不知所措。」
- 「別件事情的優先順序變得更高，然後我就失去了焦點。」
- 「我害怕失去目前擁有的美好事物。」

- 「一旦得到那份工作，我就對自己是否能夠勝任失去了信心……因此我不再努力去爭取。」
- 「我想我不配成功。」

如你所見，改變可是相當令人卻步的。好消息是，走到這一步，你已經完成許多工作了。

我們來重新檢視一下你的人生目的，好讓你能積極面對前方的道路。

1：用願景和目的來引導

沒有人會實現你完美的工作安排方式，就只有你自己可以。你必須明白這樣澈底改變生活是值得的。你想要改變——需要改變——工作和生活的主要理由是什麼？如果你不覺得這很迫切，那麼你會比預期的更快回到舊有的模式。

我們來重新檢視一下你的生涯願景和目的（見116～122頁），想想這兩者如何激勵你。再仔細思考：為什麼要改變自己的工作生涯？為什麼是現在？為什麼不回到原本的方式？

你的願景……以及它激勵你改變的原因是：
....
....

促使你買這本書的理由是什麼？

....

....

....

....

....

....

....

2：組成你的團隊

在這趟旅程中，你需要親近的團隊在身邊提供你指導、精神支持，和鼓勵。你的第一個停靠港可能是你的同事、朋友、家人，你已經在進行這門課的過程中與他們分享了你的旅程。再想想還有誰你尚未跟他談過，但是你可能想要在合適的時機將他帶進你的圈子，也許是社交媒體上的朋友、導師、以前的主管、前同事、透過網路認識的同行。

與這些人保持密切關係；讓他們投入和參與。他們會幫助你、激勵你，會讓你度過最困難的時期。

你親近的團隊裡有哪些人？

現在來考慮一下你擴大的團隊。為了實現計畫中的個別組成部分，你時不時會想要向誰尋求建議、支持和專業知識？這些可能是你以前沒有聯繫過的人，例如該領域的專家，或是你可以與他合作完成某項行動的人。

你擴大的團隊裡有哪些人？

3：消除障礙

造成失誤的危險之源在哪裡？你的盲點在哪裡？預先考慮到前面的麻煩，採取先發制人的行動，是幫助你達成生涯目標的英明策略。

這個步驟非常重要，是為了在你所有計畫都已制訂好卻被困住的時候，就能派上用場。被困住的原因可能是「生活讓你喘不過氣」，或許你工作很忙，也可能是發生了意外事件，奪走了你所有的注意力和精力。也有可能是因為你對部分計畫感到焦慮，所以一直推遲實行的時間。又或者有可能是因為你沒有得到親近團隊中每個人的全力支持，你在迴避難以啟齒的對話。

我們來想想看可能阻礙改變的障礙有哪些：

- 時間不夠
- 錢不足
- 注意力分散
- 缺乏幹勁
- 個人（內心的）衝突
- 與他人的衝突
- 缺乏自信
- 恐懼
- 惰性
- 過往的失敗

聽起來很熟悉嗎？請重新審視你的行動計畫（見210頁），標出你認為前方可能會出現的障礙以及克服障礙的方法。回想一下過去曾

經有過的障礙可能會有幫助。並非所有前方道路上的障礙都能夠移除，不過每消除一道障礙你的旅程就會更輕鬆。

這是對自己完全誠實的時刻——你比任何人都更了解自己，在這裡要解決的最重要問題也將是最難以面對的事。坦誠面對自己就會給予你自己最佳的成功機會。

你要改變工作生涯的最大障礙是什麼？過去讓你退縮的是什麼？

....

....

....

你要如何克服這些障礙？

....

....

....

4：製造快速見效的勝利

取得一些快速見效的勝利可以幫助我們有良好的起步，並且在進展遇到困難時持續激勵士氣。這也就是我們在每周結束時要做得力行動的原因。

你應該已經開始執行行動計畫中的「立即！」行動了（見210頁）。倘若你開始看到這些早期改變產生的正面影響，回想看看你注意到了什麼樣的變化。

你要如何克服這些障礙？

....

....

5：培養新習慣

你正處在賽道上最有利的位置，起跑燈滅後你使勁踩下油門踏板。但假如引擎熄火，你不得不在第一個彎道前就停下來，那麼有能力在三秒內從零加速到六十也沒有用。「持續加速」對改變而言至關重要，否則所有快速見效的勝利都是徒勞。

你在第一周結束時思考過培養一些新的習慣（見102頁）。現在回頭看看你當時寫的東西，進展得如何？你需要努力讓這些習慣保持下去嗎？如果不需要，你注意到從你開始這項活動後有什麼不同之處嗎？

....

....

....

練習二：觀察情緒變化

現在我們來看看情緒變化的歷程。

短期內會有起起伏伏，很可能低潮多過高昂。當你在低谷時很容易感到孤單，彷彿唯有你在通往完美工作生涯的旅程上，遭遇了格外的困難。事實上，我們在經歷生活中的重大改變時都有非常類似的感受。這些感受最適合用所謂的變化曲線來說明。

變化曲線

多年來，有好些人試著將情緒變化的歷程闡述清楚，最先是一九六九年精神科醫師及作家伊莉莎白·庫伯勒－羅斯寫了一本有關悲傷的著作。[11]一九九九年心理學家約翰·費雪根據庫伯勒－羅斯的研究，探究了個人面對工作上的改變有何反應。下圖是他稱之為「個人轉變曲線」的簡化版本，現在一般稱為變化曲線，說明了我們在遭遇改變時所經歷的各個階段的轉變。[12]

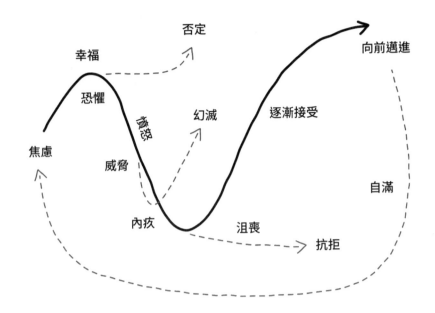

否定

幸福

恐懼

焦慮

威脅

憤怒

內疚

幻滅

逐漸接受

沮喪

抗拒

向前邁進

自滿

　　我的朋友看到這張圖後對我說：「感覺好像過去三年你都一直在我的腦袋裡！」這些情緒的起伏會讓人感到十分孤單，直到你發現周遭很多人都走在相似的路上。

　　我們來走一遍變化曲線上顯示的不同階段吧。

　　第一階段**焦慮**，反映了旅程剛開始時的不確定感覺。這時你意識到目前的工作生涯出了問題，需要做些改變。你還不清楚問題在哪裡、可能會經歷什麼樣的改變過程，也不曉得自己最後會到達哪裡。這段時間可能會焦慮不安。

　　「有些東西需要改變。我不知道自己要往哪裡去，但是無論去哪裡，都比現在的處境要來得好。」

IDEA 思維模式　有時候要登上山頂才看得出山谷有多深。

　　當你開始消化了目前的工作安排方式需要改變,需要採取措施去面對,你就達到了初步階段的**幸福**。你終於開始採取行動面對問題,積極地取回控制權。

　　「我接受了自己需要做些改變,還買了一本書幫我想想辦法。我正在進步。」

　　接著是第一個轉折點,在這裡你可能將曲線拋進了死胡同——**否定**。

　　「結果,我只需要買下那本書就能面對眼前的處境。這麼說來,也許我的工作並沒有那麼糟糕。我相信事情會好轉的。」

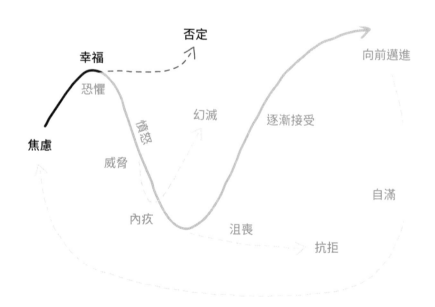

停在這個階段，你很可能會立刻回到剛起步的地方。但假如你排除萬難執行行動計畫，取得進展，那麼即將出現的獲得改善的工作環境就會變得真實一點。但這時你可能會開始對前方的旅程感到**恐懼**。

「這有點超出了我的舒適圈。如果我誤判了情勢怎麼辦？萬一我反而落入比一開始時更糟糕的處境怎麼辦？」

你現在處於下坡，在這階段你可能開始感覺到**憤怒**或**威脅**。起初，這些情緒可能多半是針對他人而不是你自己。

「我的工作處境不應該讓我覺得好像非換工作不可。這都是經理的錯，他沒有盡責好好照顧我。」

接下來是第二個轉折點，在這裡你可能將曲線拋進死胡同──**幻滅**。在掙扎著面對前方的挑戰時，你回到了起點。

「這風險太大了。我應付不了那麼多的改變。我困在很糟的情況當中，我只能繼續忍受下去。」

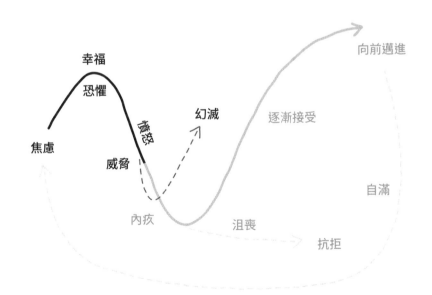

停在這個階段，你會發現更難再出發。假如你繼續努力執行你的行動計畫，在感覺好轉之前可能還是會覺得更糟。那種**憤怒**或**威脅**的感覺可能會進一步轉變為**內疚**。

　　「我的工作陷入這種狀況可能有一部分是我自己的錯。假如我從一開始選擇了不同的生涯道路，現在的處境應該會比較好吧？」

　　最終這些情緒結合可能會急遽轉變成**沮喪**，進入**抗拒**的死胡同。

　　「我要回去和我老闆當面談談，告訴他我對他讓我陷入這種處境的想法。我不應該只是因為他毀了我的前途就改變。」

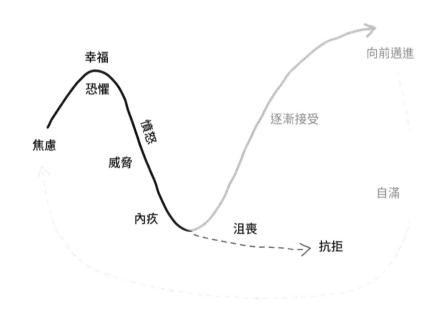

停在這個階段真的很難重振旗鼓。抗拒、痛苦、憤恨等感覺很難轉化成積極、自主面對未來的動力。在這個時刻，你必須下定決心要掌控、創造自己想要的未來——一切就從此時此地開始。通過這一階段，你就會開始從**逐漸接受**轉移到**向前邁進**。

　　「這真的發生了。我很慶幸我開始改變自己的職業生涯。未來一定會比我期望的更加光明美好。我感覺積極而充滿活力，我辦到了。」

　　但是你仍然得小心，因為這裡有第四個轉折點，你可能會跳脫曲線，彈回到起點：**自滿**。

　　「我做到了。現在工作一定會很棒。我只需要繼續堅持我的新慣例就好，不過帶著孩子很難。而且我的伴侶在工作上遭遇了一些事情。然後……噢，我剛才不小心又恢復了那個老習慣，還有這個老習慣……」

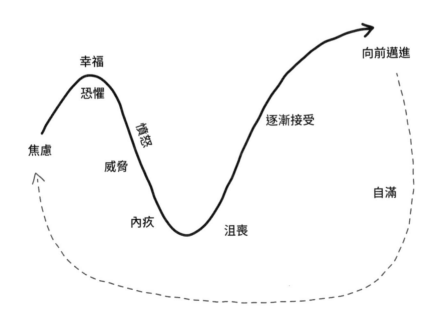

這或許是最困難的一點。改變現狀很難，要堅持下去更難。你必須改變你的生活、焦點和習慣。你需要身邊人的支持，必須能夠通過在前往新工作生涯的道路上避不開的顛簸。若是在這階段停止努力，你會發現自己很快又回到起點。情況不一定和之前完全相同——或許你改變了自己的角色或者轉換到新的公司。但是如果無法解決主要的根本原因，那麼你起先經歷的問題和挫敗又會出現在新的環境中。

這就是為什麼願景、目標和行動計畫本身並不足以保證你會成功。你需要一種全面性的方法，讓自己在身體、心理、情緒、行為各方面都為成功做好準備。那個全面性的方法就是IDEA思維模式的核心，你知道自己永遠不會再重蹈覆轍。

在每周結束時利用這份責任備忘錄，專注在那些你開始讀這本書之前並沒有的新行動、習慣、慣例和行為上。

你目前處在變化曲線的哪個位置？感覺如何？

....

....

....

....

....

變化曲線的下一階段是什麼？你要如何通過那個階段？

....

....

....

....

....

讀到這段情緒變化的歷程時，你特別注意到哪一點？

....

....

....

....

....

練習三：逃離流沙

你還記得老電影裡的流沙嗎？男主角或女主角在逃離危險時，忽然發現自己陷在沼澤當中緩緩下沉。如果他們站著動也不動就會停止下沉，可是只要一動就會更進一步往下滑。大多數時候救援會到來，然後他們會找出方法小心翼翼地從流沙脫身。對付流沙的首要規則是：不要驚慌，不要掙扎。

在你改變的旅程中，變化曲線上的低谷感覺就像流沙。內疚、沮喪、抗拒會把你吸下去，你越掙扎就會陷得越深。當你在那些低谷時，可以應用什麼技巧幫助自己小心緩慢地脫離危險、上岸？

你能休息一下，再以新的視角重新審視問題嗎？你能和朋友聯絡，獲得另一種觀點來挑戰你的想法嗎？你能回想一下在第三周結束時所寫的肯定語（見179頁）嗎？把想法寫下來能幫助你合理解釋自己的感受，並且從正確的角度來看待嗎？

你目前處在變化曲線的哪個位置？感覺如何？

得力行動一：記錄你的情緒

我們已經討論了一些有關消除障礙的問題（見233頁）。在這項得力行動中，你要努力多察覺自己的情緒。培養自我覺察能力可以在你經歷變化曲線的過程中幫助你管理情緒，找到IDEA思維模式的冷靜清晰思路。請利用反思日記（見100頁）來協助你。

當工作中出現激發情緒反應的情況時，試著記住腦海中突然浮現的想法，一有機會就記錄在反思日記裡。

● 當時是什麼情況？你在哪裡？誰在那裡？說了什麼話？

● 具體說來觸發你情緒反應的是什麼？在你注意到之前發生了什麼事？

● 你感受到哪些情緒？情緒的強烈程度如何？這方面請盡可能多寫一些。

● 高漲的情緒持續了多久？

● 是什麼讓你恢復正常？

● 你以前有過這樣的經歷嗎？通常在什麼情況下會出現？

等你記錄過幾次後，退後一步找出情緒反應的模式。這個練習的主要目標只是為了多覺察你自己的情緒，不過你如果能夠同時開始了解觸發自己情緒反應的原因也很有幫助。

> 感受是我們理解事物最真誠的途徑。儘管感受非常混亂，時而痛苦時而矛盾，卻是發自於我們的內心深處。
>
> ——奧菊·羅德——
> （作家暨倡議人士）

得力行動二：訓練你的大腦

有沒有發現大腦在欺騙你，讓你以為情況比實際情形來得嚴重？我們是製造這些「思考陷阱」的專家。只要透過一些練習，你就可以將負面螺旋變成正面的。

心理學中普遍承認思考陷阱的存在。[13]在這項得力行動中，我們會檢視一些常見的思考陷阱，探究如何將每個思考陷阱轉變成正面的想法。

思考陷阱一：讀心

讀心是指你「自認為」知道別人在想什麼，於是對自己感到失望或因此做出糟糕的決定。

「讀心」類說法的例子：「他們早就決定不讓我得到那份工作。」

我們可以換個說法：「這是我說服他們相信我是最佳人選的機會。也許我會出乎他們的意料之外。」

你有意識到自己在讀心嗎？

在你生活中像這樣負面的內心叨念有哪些？

....

....

....

....

....

你要如何將這種負面說法變成正面的？

....

....

....

....

....

思考陷阱二：過濾

過濾是指你因為某人說了某些負面的話，因此過濾掉所有的好話。這會讓你很快就失去動力。

「過濾」類說法的例子：「那個批評證明了沒有人欣賞我的報告。」

我們可以換個說法：「我知道有個人不喜歡我的報告，但是不知道房間裡的其他人怎麼想。」

你有意識到自己在過濾嗎？

在你生活中像這樣負面的內心叨念有哪些？

你要如何將這種負面說法變成正面的？

思考陷阱三：貼標籤

貼標籤是指你認定光靠一件事就定義了你這個人。

「貼標籤」類說法的例子：「上次我失敗了。我就是個失敗的人。」

我們可以換個說法：「上次我失敗了，不過我學到了一些東西，為下次做準備。」

你有意識到自己在貼標籤嗎？

在你生活中像這樣負面的內心叨念有哪些？

你要如何將這種負面說法變成正面的？

思考陷阱四：感情用事

感情用事是指你根據感覺來做決定，而不是根據證據告訴你的事實。

「感情用事」類的說法例子：「我不確定自己能夠勝任，所以不打算去做。」

我們可以換個說法：「在著手處理這件事之前，我可以做些什麼來建立自信心呢？」

你有意識到自己感情用事嗎？

在你生活中像這樣負面的內心叨念有哪些？

你要如何將這種負面說法變成正面的？

思考陷阱五：公平謬見

公平謬見是指你對別人的遭遇感到憤恨不平，因為你相信人生應該是公平的……即使有時候人生並不公平。

「公平謬見」類的說法例子：「我的朋友得到了一份薪水更高的好工作。我的薪資應該比她更高才是。」

我們可以換個說法：「我的朋友得到了一份很棒的工作。我很為她高興，這也鼓勵我去尋找下一個機會。」

你有意識到自己的公平謬見嗎？

....

....

....

....

....

....

....

....

在你生活中像這樣負面的內心叨念有哪些？

你要如何將這種負面說法變成正面的？

第五周：堅持到底——反思

　　人類天生容易犯錯、感情衝動、不理性。我們不是機器人，無法像機器人那樣改變：輸入A就輸出B。我們覺得事情很困難，動力會起起伏伏。我們經常因為無法堅持自己打算做的事而對自己感到灰心。但這就是人性，沒有人是完美的，倘若沒有失敗的空間，或者沒有改變心情或方向的餘地，人生將會無趣得多。

　　這星期，隨著IDEA思維模式的四項原則持續並行發展且相互影響，我們努力認識、甚至欣然接受自己的不可靠，並設法在完成帶領我們走向完美工作生涯的任務時保持人性。

你的IDEA思維模式：自我反思

　　和前幾周一樣，你要為自己評分，與當周剛開始時比較，看看你在IDEA思維模式的每項要素上進步了多少。請記住這些要素的定義：

自我認同——清楚你是什麼樣的人、你主張什麼、你重視什麼問題。知道你的優勢和你擅長的工作是什麼，以及別人對你的看法和這些看法是否與你對自己的評價一致。這是一種自信，也是內心指南針。

方向——明確知道前方的道路、你長期的生涯目標是什麼，當面臨抉擇時知道你該走哪條路。在通往完美職業生涯的道路上不斷前進。對自己所做的決定感到滿意。

參與——你對生活及工作投入的程度。你對接下來的一天懷抱多少熱情，在一天結束時有多少成就感。你對未來可能的職業生涯機會感到

興奮。或許能夠看到通往你喜歡的工作的道路。

本真——清楚地知道你的行為及工作時的選擇與你的價值觀和人生目的連結在一起。你的情感與生活及工作連結的程度。你的熱情所在。你很清楚自己為什麼做目前所做的工作，或者如果不清楚，那麼你正要開始打造一條通往本真的未來職業生涯的道路。

如果透過本周完成的作業，你認為自己已經在一或多項的IDEA思維模式要素上有進步，那就在下面圖表中合適的方格內畫個加號。倘若你覺得自己進步很多，那就畫不只一個加號。想想你在工作時的感受以及與朋友同事之間的談話。你認為自己的思維模式正在改變嗎？

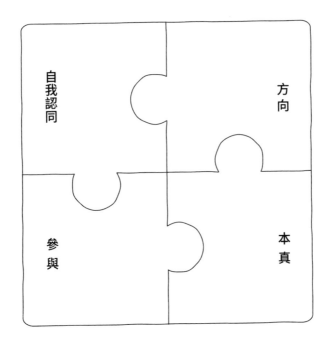

記得在反思日記（見100頁）裡寫些筆記。寫下你對本周的感想，以及在繼續這趟旅程的過程中，你是否注意到生活和工作上有任何改變。

責任備忘錄

　　你開始實施新的行動，包括新的固定習慣、新的慣例、新的行為。利用這份責任備忘錄，記錄下你剛開始讀這本書時沒有做、目前正在做的所有事情的清單。這會幫助你堅持這些新的行動並且保持責任心。

....

....

....

....

....

....

....

....

....

....

WEEK **6**

講述你的故事

TELL
YOUR STORY

你現在清楚自己的願景、目的、目標，行事曆上有行動計畫，你得到了一些培養心理韌性的工具，也仔細思考了堅持到底的方法。你已經著手進行那些應該優先處理的「立即！」行動，或許已經開始看到了進步的初期跡象，那還剩下什麼呢？

在討論本周的練習之前，我們先花點時間談談「主動負責」，因為這概念會用到IDEA思維模式的每個組成部分裡：了解你是什麼樣的人（**自我認同**），掌握你的**方向**，根據你喜愛的事情（**參與**）以及你真正重視的東西（**本真**）做出選擇——這些全是主動負責。

主動負責

我之前說過，現在再說一次：這是**你的**計畫，唯有**你**才能付諸實行。主動負責大概是所有計畫最困難的部分。人很容易對自己感到失望、失去動力，將自己無法改變工作生涯或職業的原因怪罪於外在因素或別人。但是唯有你可以改變你自己的人生。

或許你過去曾經嘗試但失敗了。或許你遭遇到難以踰越的障礙，或者也許你就是很難有時間、動力、動機去改變職業、部門或工作方式。

但是這次不同。

你的時機到了。即使很困難，即使心情不佳，你還是會去做。**你要去做。**

想像一下當早晨起床興奮地面對新的一天成為常態；當你能夠按照自己的需求盡情投入時間到生活的各個領域，不需要妥協；當你每天出色地做著自己引以為傲的工作，身邊有人激勵你、尊重你的專業；當你明白自己多聰明、多有能力，知道無論現在或將來你想做什

麼都能辦到時感受到了自由，在這些時候你會有什麼感受。一年後當你回首過去，意識到自己走了多遠時會有什麼感覺？有時候展望前景、想像未來會是什麼樣貌會很有幫助。

與自己對話

為了幫助你深思並且對自我責任感產生共鳴，找個你充分休息過、腦中沒有掛念其他事情的日子，出門散步至少一小時。也許是在旭日初升周遭人不多的清晨，或者是在傍晚大自然色彩美得無與倫比的黃金時刻。

去一處讓你覺得非常舒適的地方，也許是你可以放鬆或是擁有快樂回憶的地方，坐一會兒。在散步時思考你即將踏上的旅程以及你對自己和其他人所做的承諾。

散步回來後你整個人煥然一新，對事情將會如何轉變有全新的看法，對即將來臨的事感到興奮不已。你將要實現你的未來，充分發揮自己的潛力。

本周你要完成三項練習。

首先，我們要來看看**談論要點**（見265頁）。這些是你進入未來生涯計畫所做的最重要、最難忘的改變。你可能想用這些談論要點來傳達你很獨特、有趣、令人印象深刻。無論你是和初次認識——尤其是在工作環境中——的人見面，想要給對方留下深刻印象，或者只是和上司或同事談話，這些都是你想要讓他們理解你的改變的要點。

接下來，我們會談到**建構你的陳述**（見271頁）。我們會將談論要點建構成故事，你可以拿來調整後在不同情況下使用，以傳達你想說的有關你自己的事，並且改變已經認識你的人對你的看法。

最後，我們要**檢驗你的故事**（見276頁）。你要走出去開始與人

交談、觀察他們的反應，才會知道自己是否做對了。

本周的兩項得力行動是：

1. 更新網上個人資料（見278頁）
2. 培養人脈與進行連結（見278頁）

─────── ♪ **本周配樂** ♫ ───────

這周的配樂都與主動負責與講述自己的故事有關。

在開始本周的閱讀與練習前，播放這首曲子幫助你進入狀態：艾蜜莉・珊黛的〈閱讀這一切（Pt III）〉。這首曲子鼓舞我們唱歌，大聲說出自己的故事。請聽現場表演的版本，你會聽到這首強有力的歌曲完整、純粹地釋放出情感。

當你在閱讀、思考、書寫的時候，將這首曲子當背景音樂重複播放：漢斯・季默的〈如今我們自由了〉。你可能認出這是電影《神鬼戰士》的主題曲。催眠的聲音景觀會讓你想到一個清晰思路幫你獲得自由的未來。

在你做完練習時播放這首曲子，慶祝你完成並且提供你用來維持未來動力的令人振奮的能量：肘樂團的〈如此的一天〉（One Day Like This）。這是終極的頌揚之歌，當副歌開始時，閉上眼睛，伸出雙臂，接納你實現的一切！

自我認同　I
方向　D
參與　E
本真　A

練習一：談論要點

之所以要講述你的故事有兩個原因：

1. 「告訴自己」可以幫助你保持清醒，專注於你為什麼要改變自己的工作生涯上。

2. 「告訴別人」可以幫助你堅持自己的承諾，並且擴大你的改變帶來的影響。

你身邊的都是一般人，過著自己的生活。因此，他們可能需要一些時間才會注意到你可能自認為很明顯

> 假如你不講述自己的故事，
> 你就無法掌控故事的內容。
> 只要這點屬實，其他人就會
> 據此定義你是什麼樣的人。
>
> ——賴瑞・萊特——
> （《紐約客》雜誌的
> 特約撰稿人）

的改變。如同植物一天天地生長，看起來好像一模一樣，然後你會突然注意到它似乎比剛開始栽種的時候高了一點。也許葉子多了一些？只有在它有驚人的變化，例如開花的時候，你才會立刻注意到有所改變。

假如你不引起他們的注意，你的同事、同儕，甚至親近的朋友家人可能要花多久時間才會注意到你已經建立起自信心、時間管理方式大為不同，你變得比較有成效也沒那麼焦慮？（這些全是思維模式的副產品。）可能要花上好幾個月，而不是幾星期。更可能根本沒注意到。講述你的故事有點像是綻放花朵，你吸引他們注意不同之處，邀請他們看見全新不同的你。

要引起他們注意並不表示要爬上屋頂大聲宣告。有很多方法可以幫助其他人意識到你的變化，有些巧妙迂迴，有些較為直接。你可以和他們專門開個會，或是在談別的事情時將這件事插入話題。或者，你也可以透過行為而不是言詞來展示你的變化。讓他們注意到你的態度、自信、選擇和以前不同。或許你可以主動談起彈性工作時間，用不同的方式安排你的一天，在上午十點左右就處理完電子郵件，或是在團隊會議中開始多談談自己和團隊的成就。

當然，你不必讓別人參與你正在做的事和改變也可以達成你的生涯目標。對於你的計畫來說，其他人注意到並且認可你的改變，或是因此對你有不同的看法，可能並不重要。然而，通常你改變的最終結果，也許是升遷，也許是更大的影響力，也許是和周遭的人建立起更好的工作關係，都需要其他人認識到你的變化，這樣一來他們才能為你創造或者協助創造機會。這些練習將幫助你思考如何把你的故事傳達給其他人。

身為舞者，我和蜜德芮察覺到改變他人對我們的看法到底需要多長的時間。一般說來，我們明顯表現出更高水準的舞技之後，大約需要經過六個月，評審才會走上前來稱讚我們的進步。這是因為他們的視線掃過舞池，看見我們跳舞時，他們的自然反應是「辨別」而不是「評價」，他們之前已經看過我們表演十幾次了，知道我們的程度，所以不會每次都重新評估一遍。我們要改變他們的看法，就必須引導他們用不同的方式思考，以新的視角來看待我們。我們會利用編舞變化、改變舞蹈風格或外表等出乎意料的事物，以改變他們的看法。這是我們講述一個全新、不同的故事的方法。

多年後，我離開企業職場成為全職的教練，許多前同事過了六到九個月才認可我這是真正、永久地轉換職業生涯，而不單純是另一項副業。初期，大多數人都想和我談論我以前的工作。我需要改變他們對我的看法，因此改寫LinkedIn、推特、Instagram上的職稱，開始發布有關教練主題的文章，而不是企業界的最新消息。我更新電子郵件的簽名檔，寫上教練的資歷，刻意避開暗示我仍然涉足董事會會議室的對話內容。我越清楚「當教練」是我唯一的焦點，以前的同事越容易改變對我的看法。最後，我在企業網絡裡認識的人成為教練職涯的強力支持者，而且我和其中一些人建立起新的教練合作關係。

**IDEA
思維模式**　　教他們注意，讓他們明白。

你想要傳達什麼訊息？

我們先開始一些練習，探究你想要講述什麼樣的故事，以及你希望這故事產生的影響。想像你在聆聽你故事的人的腦海中，你希望他們對你有什麼感覺？你想要他們注意到你工作生涯的哪些改變？你希望你要告訴他們的內容會讓他們對你的看法或行為有什麼改變？

當你完成行動計畫後，大家可以從你身上看出什麼顯著的差異？

....

....

....

....

....

....

....

....

你一旦改變了將會有什麼感受？會跟你現在的感受有什麼不同？

你改變時想讓某個特定的人對你有不同的看法嗎？為什麼？

你會如何用一句話來概述接下來十二個月的變化？

練習二：建構你的陳述

現在我們要開始將這些想法變成一些講故事的小積木。每一塊都是為了幫助你探索如何在不同情況下用不同的方法講述自己的故事，就像顏料盒一樣。你在講故事時可以把手伸進顏料盒，拿出合適的顏色與適當的分量，畫出適合那一刻的完美圖畫。

隨著時間過去，你會讓這些積木變得更完善。要想知道如何講述自己的故事，最好的方法就是……把故事說出來。時間久了你就會發現哪些語言行得通、哪些不行，哪些詞彙感覺真實可信，哪些你發現無法傳達你想要的影響力。這很正常——在這裡，你要撰寫一份初稿，之後你可以隨心所欲地回來編輯更新。

假設你有五分鐘的時間和一位值得信賴的導師談論你即將到來的生涯旅程，你會說些什麼？（請寫出四到五個句子）：

這段文字能幫你準備好在面對面談話時，述說你的故事和你所做的改變。

....

....

....

....

....

....

....

....

....

....

現在你正經歷這個澈底改變的過程，在履歷頂端的「自我介紹」一欄你會寫些什麼？（請寫出二至三個句子）：

這段文字是書面描述你的故事及你所做改變的基礎，可以用來提供給那些考慮雇用你的人。

你網站上的個人簡介段落會寫些什麼？（請寫出四到五個句子）：

這些陳述是書面描述你的故事及你所做改變的基礎，對象是那些並不認識你本人，但是有興趣多了解你的人。

假如今天有人介紹你在一場活動上發言，你會希望他們說些什麼？（請寫出四到五個句子）：

這段文字是簡短口頭介紹的基礎，著重在你的獨特之處及值得傾聽的原因。

練習三：檢驗你的故事

　　和一些最了解你的人聊聊你這趟通往完美工作生涯的旅程，談談你的生涯願景與承諾。透過電子郵件或書面形式，以及電話、社交媒體，或者面對面地與人商談。用不同方式表達你的故事，是否有助於你思考如何能夠將故事說得更有說服力、更為有效？

　　在這裡記錄下他們的想法，包括他們認為你的工作生涯變化會對你造成什麼影響，他們期待看到什麼樣的改變，他們對於什麼感到興奮。他們的回饋是否改變了你對故事核心訊息的想法？

他們的回饋是？

....

....

....

....

....

....

....

....

....

....

....

　　清晰的思路與自信是IDEA思維模式很重要的一部分。在做完這裡的作業後，你應該覺得自己準備就緒，可以開始到外界和別人談論你踏上的旅程。

得力行動一：更新網路上的個人資料

公開你投入新的未來，是令人卻步但強而有力的舉動。有個很好的公開方法就是更新你在網路上的個人資料。仔細思考你使用的個人資料照片、工作的內容提要，以及總結的段落——那些你在工作經歷中會強調的事項。

按下按鍵發布你新的個人資料細節是重大的一刻。

按下按鍵吧！

得力行動二：培養人脈與進行連結

當你邁向未來的職業生涯時，建立網絡和新的關係是很好的主意。建立網絡是指與人初步的接觸，但是建立真正的關係是指培養富有意義的深切關係，能夠隨著時間為雙方帶來價值。

下定決心每周至少要建立一個新的關係，代表接下來一年你將建立五十個新的關係，這反過來將創造許多機會和新的思考方式。

或許在你的組織裡有個人，你過去都遠遠地欣賞他，但是從未真正與他交談過。或許有朋友或同事推薦了你應該認識的人。倘若你腦中沒有浮現人選，那就和熟悉你的人談談，詢問他們對於你可能考慮建立的關係有何想法。

初次認識一個陌生人時，可以利用你的談論要點（見265頁）和陳述（見271頁）來描述你是什麼樣的人，以及你打算往哪裡發展。建立網絡的談話應該是雙向的，記得在談論自己的同時也要多詢問他們的事，仔細聆聽他們的答案。

第六周：主動負責與講述故事——反思

我們已經到達課程的末尾，但你的旅程尚未結束。你仍然有大部分的行動計畫需要執行，而且即使目前的工作安排方式很完美，但隨著你自己和環境的變化你想要的也會改變。擁有IDEA思維模式不僅思路清晰、有自信，而且靈活、適應力強。你會比以前更容易通過路上顛簸的阻礙。

這是一趟不會結束的旅程，這是個人發展的持續旅程。隨著你的進步，你會越來越明白個中的道理。要相信這個過程。

讀完這整本書，你已經開發了一些工具和方法，這些工具和方法將幫助你順利度過今後的生活和職業生涯。你了解了自己，這對你的未來大有好處。你將會達成目標，然後設立許多新的目標。隨著你成長發展，你的故事也將逐步演變。

你的IDEA思維模式：自我反思

和前幾周一樣，你要為自己評分，與當周剛開始時比較，看看你在IDEA思維模式的每項要素上進步了多少。請記住這些要素的定義：

自我認同——清楚你是什麼樣的人、你主張什麼、你重視什麼問題。知道你的優勢和你擅長的工作是什麼，以及別人對你的看法和這些看法是否與你對自己的評價一致。這是一種自信，也是內心指南針。

方向——明確知道前方的道路、你長期的生涯目標是什麼，當面臨抉

擇時知道你該走哪條路。在通往完美職業生涯的道路上不斷前進。對自己所做的決定感到滿意。

參與──你對生活及工作投入的程度。你對接下來的一天懷抱多少熱情，在一天結束時有多少成就感。你對未來可能的職業生涯機會感到興奮。或許能夠看到通往你喜歡的工作的道路。

本真──清楚地知道你的行為及工作時的選擇與你的價值觀和人生目的連結在一起。你的情感與生活及工作連結的程度。你的熱情所在。你很清楚自己為什麼做目前所做的工作，或者如果不清楚，那麼你正要開始打造一條通往本真的未來職業生涯的道路。

如果透過本周完成的作業，你認為自己已經在一或多項的IDEA思維模式要素上有進步，那就在下面圖表中合適的方格內畫個加號。倘若你覺得自己進步很多，那就畫不只一個加號。想想你在工作時的感受以及與朋友同事之間的談話。你認為自己的思維模式正在改變嗎？

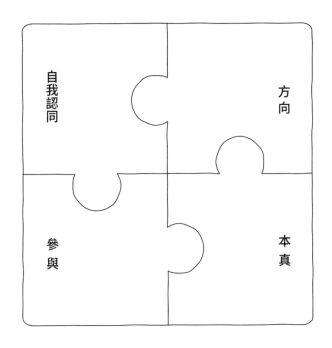

記得在反思日記（見100頁）裡寫些筆記。寫下你對本周的感想，以及在繼續這趟旅程的過程中，你是否注意到生活和工作上有任何改變。

責任備忘錄

你開始實施新的行動，包括新的固定習慣、新的慣例、新的行為。利用這份責任備忘錄，記錄下你剛開始讀這本書時沒有做、目前正在做的所有事情的清單。這會幫助你堅持這些新的行動並且保持責任心。

....

....

....

....

....

....

....

....

....

....

....

> 重點想法：你腦中的改變是所有改變當中最重要的，倘若你身邊的人能夠明瞭並且給予回應，改變的影響力就會擴大。成為講故事的專家吧。

重新檢視你的 IDEA 概況

還記得在課程一開始時，你完成了IDEA概況的問卷嗎（見54頁）？問卷結果被用來依據**自我認同、方向、參與、本真**四方面來評估你的「IDEA概況」。

現在你要用轉變後的視角再填一次問卷。**請不要回頭偷看之前的答案！**

你的IDEA概況

對於每句陳述，請在適當的欄位打勾。

自我認同	非常同意	同意	不同意	非常不同意
1. 我明確知道自己的獨特之處以及與別人的共同之處				
2. 我明確知道自己的個人價值觀				
3. 我明確知道比我資深的人對我的看法				
4. 我明確知道同儕／同事／朋友對我的看法				
5. 我明確知道比我資淺的人對我的看法				
各項打勾的分數	+2	+1	-1	-2
總分				

方向	非常同意	同意	不同意	非常不同意
1. 我很清楚自己的長期目標				
2. 我很清楚我需要採取哪些重要手段才能實現目標				
3. 我很清楚自己下一步要去哪裡				
4. 我已經制訂了簡單的行動計畫				
5. 我的行動計畫進展得很順利				
各項打勾的分數	+2	+1	-1	-2
總分				

參與	非常同意	同意	不同意	非常不同意
1. 早上起床時，我通常對即將到來的一天充滿熱情				
2. 睡覺時，我總是對自己當天做過的事很有成就感				
3. 我現在做的工作很適合我				
4. 我和一群能激發出我的最佳狀態的人共事，我也積極尋找這類的人一起工作				
5. 我喜歡跟別人談起我的工作				
各項打勾的分數	+2	+1	-1	-2
總分				

本真	非常同意	同意	不同意	非常不同意
1. 我對自己的工作有強烈的目的感				
2. 我的工作符合我的價值觀，也就是我認為重要的事				
3. 我全心全意地投入，在工作時不只用腦也用心				
4. 我在工作中發展出持久的關係，我花時間傾聽同事、客戶、顧客的意見，並考慮到其他人的需求				
5. 我工作時嚴守紀律，並且好好地控制自己的情緒				
各項打勾的分數	+2	+1	-1	-2
總分				

分數加總

你寫完了問卷，請在下面的方格中填上各項目的總分，計算出每項要素的總和。

要素	非常同意	同意	不同意	非常不同意	總和
範例	+4	+1	-2	0	+3
自我認同					
方向					
參與					
本真					

成果解讀

> **四項要素中，你哪一項得分最高？**
>
> ....
>
> ....

> **你哪些要素的得分相對較低？**
>
> ....
>
> ....

> **當你完成了IDEA思維模式課程後，**
> **你覺得這得分符合你目前的情況嗎？**
>
> ....
>
> ....

這符合你的預期還是有一些是意外？

現在我們來比較一下你的新成績和你在課程剛開始時的分數：

要素	開始課程時的總和	完成課程時的總和
自我認同		
方向		
參與		
本真		

假如你的計畫正確，並且完成了所有改變的要素，那麼你現在每項要素的得分都應該比剛開始的時候來得高。如果沒有，請回頭再細看一次IDEA概況的問題，想想你在那些類別為何沒有得到更高的分數。你需要調整計畫來解決差距嗎？

反思

還記得在這趟旅程一開始的時候你去照了鏡子嗎（見41頁）？現在再去照一次，仔細端詳自己。持續細看整整一分鐘。你能看上兩分鐘嗎？看看自己，傾聽腦中的想法，注視自己。給自己充分的時間和注意力，面對眼前該看該知道的一切，不要掩蓋問題——這就是你。

1.

2.

3.

4.

5.

6.

現在回頭去看早先你第一次做這項練習時寫下的詞彙，加以比較看看。結果顯露了什麼？

接近尾聲

你定下了行動計畫，開啟了IDEA思維模式，是完成了多麼重大的工作很難用言語表達。因此，我們來談談在過去幾周你所展現的價值。

誠實與坦率

唯有在我們誠實面對自己的時候，改變才會發生。你覺得最難承認、最難對自己坦承的可能就是改變最大的障礙。你必須將重要、困難的事攤在桌面上說清楚。這點你在這裡辦到了。

雄心和動力

三心二意地投入通常不會有任何結果，但是過去這幾星期來，你全力投入了時間、努力、思慮、精力，理應帶來極好的成果。不僅如此，你比以往更了解驅動、激勵自己的是什麼，你可以運用這寶貴的知識在職業生涯的旅程中脫穎而出。

決心及毅力

當你朝著理想的未來努力時，清楚知道並非每一天都很完美。你必須能夠持續不斷地前進，即使退回自己的舒適圈是最容易的事。走到這一步你已經展現了卓越的韌性和毅力。記住那些你一直在執行的得力行動，繼續做下去可以幫你保持前進的動力。

自我承諾

你說出自己打算做的事，並且說到做到，那就是承諾。堅持到底吧。

我要提醒你一句我一開始就說過的話。這本書能夠幫助你在未來達到驚人的成就，但是……

唯一能讓一切成真的只有你自己。

下一步是？

你已經到了課程和本書的末尾，這本身就是一項非凡的成就。

你繼續將計畫付諸實行，採取行動從工作中獲得你想要的，這對你來說是一趟非常興奮的旅程的開端。我迫不及待想聽你思維模式改變後的故事，以及你邁向完美工作生涯的旅程。在社交媒體上使用標籤#theideamindset或#IDEA工作原力，你就能夠和其他與你走在同一條路上的人聯繫起來。

你已經起步了，現在你的挑戰是保持動力。

你對自己有了深刻的了解，也掌握了新工具可以克服旅途中的起起伏伏，身邊還有團隊幫助你不偏離正軌、保持責任心。這一切都顯示了你的IDEA思維模式——思路清晰、決策清楚、果斷自信——這樣的思維模式將為你帶來夢想的職業生涯。你會發現這樣的清晰逐周、逐月地顯露出來。不時回顧過去，注意你的生活

> 我們發覺自己身在暗處，
> 多一點知識
> 就能照亮我們的路。
>
> ——尤達大師——

改變了多少。有時候要登上山頂你才看得出山谷有多深。

　　這一路上將會有選擇與挑戰。你甚至尚未想過的新生涯機會將會出現。利用你可用的知識和工具，取得主控權，自信地按照計畫打造自己未來的生涯道路。在面對新的挑戰時，不要害怕尋求幫助，在這旅途中你不是孤單一個人。

　　好好享受這趟旅程吧。

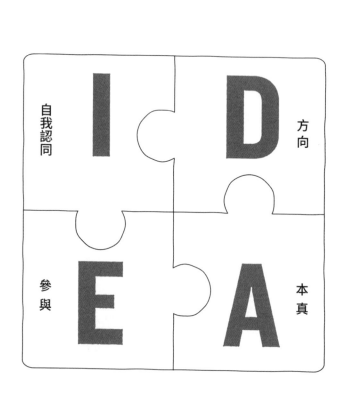

塗鴉空間

這裡有一些空白頁讓你隨手記下你的想法、點子，和靈感。

參考資料

1. CliftonStrengths Top 5, Gallup.com: https://www.gallup.com/cliftonstrengths

2. To unleash people's strengths, help them manage weaknesses', Gallup.com, 3 May 2019: https://www.gallup.com/cliftonstrengths/en/266435/unleash-people-strengths-help-manage-weaknesses.aspx

3. 'New Study Reveals Employees Spend Nearly 1/3 of Time Doing "Pointless" Tasks', Webexpenses.com, 11 June 2019: https://www.webexpenses.com/gb/2019/06/new-study-employees-time-pointless-ttask/

4. Quotes sourced from various published interviews: Williams, Sally, 'Katarina Johnson-Thompson: "I moved to France, split up with my boyfriend, changed my coach … I changed my life"', Daily Telegraph, 31 August 2019: https://www.telegraph.co.uk/womens-sport/0/katarina-johnson-thompson-moved-france-split-boyfriend-changed/; 'Athlete Profile: Katarina Johnson-Thompson', WorldAthletics.org: https://worldathletics.org/athletes/great-britain-ni/katarina-johnson-

thompson-14276543; Henson, Mike, 'Katarina Johnson-Thompson: How heptathlete struck gold in Doha', BBC Sport, 30 May 2020: https://www.bbc.co.uk/sport/athletics/52839003; Broadbent, Rick, 'Coach pays for KJT's Rio hell', The Times, 23 September 2016: https://www.thetimes.co.uk/article/coach-pays-for-johnson-thompson-rio-hell-jjv58zh3n; John, Emma, 'Katarina Johnson-Thompson: my journey to becoming a world champion', Financial Times, 5 December 2019: https://www.ft.com/content/a99a6cc0-1623-11ea-9ee4-11f260415385; Kelner, Martha, 'Katarina Johnson-Thompson was scared to compete or even train ... but a move to France may help turn her into Great Britain's next Golden Girl', Mail on Sunday, 13 May 2017: https://www.dailymail.co.uk/sport/othersports/article-4503326/Katarina-Johnson-Thompson-moved-France.html; 'Katarina Johnson-Thompson "excited" for future after banishing demons at European Championships', Daily Telegraph, 11 August 2018: https://www.telegraph.co.uk/athletics/2018/08/11/katarina-johnson-thompson-excited-future-banishing-demons-european/; Bloom, Ben, 'Katarina Johnson-Thompson: "I've not enjoyed anything over the last two years"', Daily Telegraph, 12 February 2017: https://www.telegraph.co.uk/athletics/2017/02/12/katarina-johnson-thompson-not-enjoyed-anything-last-two-years/; ——, 'Katarina Johnson-Thompson: "The worst things have happened. Now I'm ready to make new memories"', Daily Telegraph, 5 August 2017: https://www.telegraph.co.uk/athletics/2017/08/05/katarina-johnson-thompson-hoping-fulfil-rich-potential-london/;

Henson, Mike, 'Katarina Johnson-Thompson on Jodie Comer, sacrifices, and the south of France', BBC Sport, 25 June 2019: https://www.bbc.co.uk/sport/athletics/48647608; McRae, Donald, 'Katarina Johnson-Thompson: "I didn't want to be at the Rio Olympics but I'm ready for Tokyo"', Guardian, 13 December 2019: https://www.theguardian.com/sport/2019/dec/13/katarina-johnson-thompson-world-champion-athletics-interview-tokyo-2020; Ingle, Sean, 'Katarina Johnson-Thompson goes to Doha on back of "best run-in ever"', Guardian, 21 September 2019: https://www.theguardian.com/sport/2019/sep/21/katarina-johnson-thompson-world-championships-doha-best-prreparation; Chowdhury, Saj, 'Katarina Johnson-Thompson wins World Athletics Championships heptathlon gold', BBC Sport, 3 October 2019: https://www.bbc.co.uk/sport/athletics/49924526; 'Johnson-Thompson caps World Heptathlon title with British Record', British Athletics, 3 October 2019: https://www.britishathletics.org.uk/news-and-features/johnson-thompson-caps-world-heptathlon-title-with-british-record/; 'Exclusive Katarina Johnson-Thompson interview: "Being world champion has an authority to it ... but I have the same emotions, doubts and fears"', Daily Telegraph, 17 October 2019: https://www.telegraph.co.uk/athletics/2019/10/17/exclusive-katarina-johnson-thompson-interview-world-champion/; Smith, Josh, 'Katarina Johnson-Thompson's powerful words on overcoming an "identity crisis" and learning to love her body are all the inspo you need RN', Glamour, 28 February 2020: https://www.glamourmagazine.co.uk/

article/katarina-johnson-thompson-tokyo-olympics-2020-interview

5. 'How to get to sleep', NHS: https://www.nhs.uk/live-well/sleep-and-tiredness/how-to-get-to-sleep/

6. 'Why lack of sleep is bad for your health', NHS: 30 May 2018: https://www.nhs.uk/live-well/sleep-and-tiredness/why-lack-of-sleep-is-bad-for-your-health/

7. 'Eat well', NHS, 27 March 2019: https://www.nhs.uk/live-well/eat-well/

8. 'Exercise health benefits', NHS, 11 June 2018: https://www.nhs.uk/live-well/exercise/exercise-health-benefits/

9. 'Exercise guidelines for adults aged 19 to 64', NHS, 8 October 2019: https://www.nhs.uk/live-well/exercise/#guidelines-for-adults-aged-19-to-64

10. 'Exercise after injury', WebMD: https://www.webmd.com/fitness-exercise/exercise-after-injury#2.

11. Kübler-Ross, Elisabeth, On Death and Dying (Routledge, 1969)

12. 'Resilience and change', Open University, 2012: https://www.open.edu/openlearn/ocw/mod/oucontent/view.php?id=64961&section=4.

13. Wu, Jade, 'Don't Let Common Thinking Traps Get You Stuck', Psychology Today, 3 March 2020: https://www.psychologytoday.com/gb/blog/the-savvy-psychologist/202003/dont-let-common-thinking-traps-get-you-stuck

國家圖書館出版品預行編目 (CIP) 資料

IDEA 工作原力：4 大原則 ×6 周聚焦思維，
讓你找到越投入越快樂的職場天命 / 蓋
瑞・克洛達茲 (Gary Crotaz) 著；黃意然譯.
-- 初版. -- 臺北市：遠流出版事業股份有限
公司, 2023.01
　面；　公分
譯自：The idea mindset : figure out what you
want from work, and how to get it, in 6 weeks
ISBN 978-957-32-9913-4(平裝)
1.CST: 職場成功法 2.CST: 生涯規劃

192.1　　　　　　　　　111019856

IDEA工作原力

4大原則×6周聚焦思維，讓你找到越投入越快樂的職場天命

作　　者｜蓋瑞・克洛達茲博士
譯　　者｜黃意然
總 編 輯｜盧春旭
執行編輯｜黃婉華
行銷企劃｜鍾湘晴
美術設計｜王瓊瑤

發 行 人｜王榮文
出版發行｜遠流出版事業股份有限公司
地　　址｜台北市中山北路 1 段 11 號 13 樓
客服電話｜02-2571-0297
傳　　真｜02-2571-0197
郵　　撥｜0189456-1
著作權顧問｜蕭雄淋律師
ISBN　｜　978-957-32-9913-4

2023 年 1 月 1 日初版一刷
定　　價｜新台幣 420 元
（如有缺頁或破損，請寄回更換）
有著作權・侵害必究 Printed in Taiwan

遠流博識網　http://www.ylib.com
Email: ylib@ylib.com